Harry Holzheu · EHRLICH ÜBERZEUGEN

Harry Holzheu

Ehrlich überzeugen

Aktiv zuhören
Souverän verhandeln
Sicher gewinnen

ECON

Der Econ Verlag ist ein Unternehmen
der Econ & List Verlagsgruppe

ISBN 3-430-14782-4

4. Auflage 1998 – Sonderausgabe
© 1996 by Econ Verlag München – Düsseldorf GmbH
Alle Rechte vorbehalten. Printed in Germany
Fotos: © Charles Seiler, Zürich · Lektorat: Beate Darius
Gesetzt aus der Century und Helvetica bei Heinrich Fanslau GmbH,
Düsseldorf
Papier: Papierfabrik Schleipen GmbH, Bad Dürkheim
Druck und Bindung: Bercker Graphischer Betrieb GmbH, Kevelaer

Inhalt

Gehen Sie gezielt auf Sendung

Vorwort

Dieses Buch widme ich meiner Tochter Elena, die soeben ihre Mittelschule beendet hat. Elena gibt mir oft hartes, aber immer objektives Feedback. Sie ist offen und geradeaus, wenn sie überzeugen will, und stellt sich selbst dabei in den Hintergrund. Ihr ist einzig der Mensch wichtig, mit dem sie gerade spricht. Genau das ist auch eines meiner Anliegen, die ich in diesem Buch vertrete. Herzlich danken möchte ich allen meinen Freunden sowie Klaus Stöhlker und auch Herrn Dr. Diethelm Krull vom ECON Verlag für ihre aufmunternde Hilfe und moralische Unterstützung. Besonderen Dank spreche ich meiner älteren Tochter, Ingrid Zanettin-Holzheu, aus, die mit Akribie mein Manuskript Korrektur gelesen hat.

Ich widme dieses Buch auch allen Politikern, die nicht überzeugen, und allen Managern, die nicht reden.

In diesem Buch versuche ich, meine Botschaften mit Fotos meiner Mimik und Gestik zu unterstreichen. Die Körpersprache ist ja eine viel ältere als die gesprochene (oder geschriebene) Sprache. Wir gehen eigentlich Umwege, wenn wir miteinander reden. Die Fotos wurden während einer Tagung aufgenommen, bei der ich als »Motivational Speaker« 120 Teilnehmer hatte. 25 davon verstanden sehr schlecht Deutsch. Diese sagten mir anschließend, sie hätten meine Botschaften genau verstanden. Ist das nicht phantastisch?

So versuche ich, auch mit Ihnen auf zwei Wegen zu kommunizieren, damit Sie meine Botschaften und mich selber noch besser verstehen können.

Zürich, im Frühjahr 1996

Harry Holzheu

Vorwort zur 2. Auflage

Ehrlichkeit, Glaubwürdigkeit, Natürlichkeit und Authentizität sind Kriterien, die in der Überzeugungsarbeit an Priorität gewinnen. In Gesprächen, Verhandlungen, Sitzungen, bei Vorträgen und Präsentation überzeugen jene Redner, die einen ethisch-moralisch gefestigten und guten Eindruck machen.

Dieses Buch ist ein ständiger Wegbegleiter für alle jene, deren Ziel es ist, ihren Auftritt zu nutzen, um andere zu gewinnen, zu überzeugen und zu führen.

Haben Sie den Mut, anderen durch Ihre Persönlichkeit das Gefühl von Kompetenz und Sicherheit zu geben und dabei auch Ihrer emotionalen Intelligenz Ausdruck zu verleihen.

Wer heute Erfolg haben will, muß seine Ziele vor allem auch rhetorisch geschickt und überzeugend formulieren können. Diese rhetorischen Fähigkeiten sind lernbar. Daß dieses Buch bereits nach wenigen Monaten in die zweite Auflage geht ist sicher ein Beweis dafür, daß seine klare und einfache Sprache für jedermann verständlich und nachvollziehbar ist.

Ich freue mich über diesen Erfolg. Es soll auch zu Ihrem Erfolg beitragen.

Zürich, Anfang 1997

Harry Holzheu

Bauen Sie
Ihre Wirkung auf

ETHOS

Die alten Griechen, die sich wissenschaftlich mit Rhetorik und Dialektik befaßt haben, nennen drei entscheidende Kriterien für die Überzeugungsarbeit:

Ethos, Pathos, Logos.

Das, was wir an die erste Stelle plazieren, nämlich eine überzeugende, logische Argumentation, stellen die Griechen an die dritte Stelle. Davor kommt an zweiter Stelle das Pathos. Gemeint ist Empathie, das Einfühlungsvermögen, um andere zu verstehen.
Und ganz zuerst kommt das **Ethos.** Ich muß eine vertretbare ethisch-moralische Gesamtwirkung auf den anderen ausüben, damit er sich von mir überzeugen und beeinflussen läßt. Ich muß ehrlich und glaubwürdig sein. **Ich muß sicher und frei wirken.**

Wer ehrlich und glaubwürdig ist, wirkt sicher und frei.

Ob ich als Person ehrlich und glaubwürdig wirke, ist abhängig davon, was ich denke und fühle, was in mir vorgeht, was ich vorhabe, was ich erreichen will.

In der heutigen Zeit des zunehmenden Mißtrauens und der ständigen Verunsicherung durch mannigfaltige, offizielle Erklärungen und Verlautbarungen, die oft bereits am nächsten Tag als Lügen entlarvt werden, nimmt das Ethos tatsächlich die primäre Stelle ein, wenn Menschen andere Menschen überzeugen wollen.

Im Zuge der allgemein notwendigen Rationalisierungsmaßnahmen und Kosteneinsparungen haben Unternehmungen versucht, ihre Lieferanten zu erpressen, sie auszutricksen und mit Lügen abzuspeisen. Absprachen wurden kurzfristig wieder rückgängig gemacht. Beziehungen zwischen Lieferanten und Kunden wurden durch das »Lopez-Syndrom« geprägt und waren an einem Tiefpunkt angelangt.

Das konnte nicht von langer Dauer sein. Man hatte bald erkannt, daß Geschäftsbeziehungen nur funktionieren, wenn beide Seiten zufrieden und motiviert sind. Auch wenn Verträge mit noch so vielen Klauseln verfaßt werden, gibt es Möglichkeiten, von getroffenen Vereinbarungen abzuweichen und somit unehrlich erzwungene Konzessionen wieder zu kompensieren.

So haben Ehrlichkeit, Zuverlässigkeit, Aufrichtigkeit und Wahrheit wieder ein Comeback erhalten.

Um langfristig Erfolg zu haben, gibt es für alle Verhandlungen, Gespräche, Vorträge und sonstigen Auftritte nur eines: glaubwürdig und überzeugend zu wirken auf der Basis von Ehrlichkeit.

Man kann alle Leute eine Zeitlang bescheißen und einige Leute die ganze Zeit, aber nicht alle Leute die ganze Zeit.
(Abraham Lincoln)

Wie Sie dieses Buch verstehen

Sie haben sicherlich schon viele Bücher über Argumentations-, Überzeugungs- und Verhandlungstechniken gelesen und auch schon entsprechende Seminare besucht. Sie sind wahrscheinlich rhetorisch und dialektisch absolut fähig, Ihren jeweiligen Standpunkt zu vertreten und auch durchzusetzen.

Bisher haben Sie in Ihrer Überzeugungsarbeit sicherlich schon viele Erfolge, vielleicht aber auch einige Mißerfolge erlebt. Sie konnten manchmal ihre Ziele erreichen, manchmal vielleicht nicht. Ihre Art, Menschen für sich und Ihren Standpunkt zu gewinnen, entspricht Ihrer Fähigkeit, zu artikulieren, sich durchzusetzen und zu überzeugen. Das ist ein Teil Ihrer Persönlichkeit.

Erwarten Sie von diesem Buch keine Wunder.
Vor allem sollten Sie skeptisch sein gegenüber meinen Anregungen. Vermutlich wird nicht alles zu Ihnen passen. Ich versuche, eine deutliche Sprache zu sprechen, in Worten und auch mit entsprechenden Fotos, die mit Mimik und Gestik das unterstreichen, was ich sagen will. Lassen Sie alles auf sich einwirken, und entscheiden Sie, was Sie anwenden und worauf Sie verzichten wollen.

Diese Wege müssen Sie selbst finden.
Treffen Sie die Wahl, was Sie von mir annehmen wollen und was nicht. Entscheiden Sie aber nicht mit dem Kopf, sondern ganz aus dem Bauch heraus. Alles, was Sie hier an Tips und Anregungen finden, funktioniert nur, wenn Sie es nicht zu sehr bewußt, sondern eher spontan, emotional, sozusagen unbewußt anwenden.

In meinen Seminaren stelle ich immer wieder fest, daß

Es gibt keine allgemeingültigen Rezepte, wie Sie andere Menschen überzeugen können, sondern nur Ihre Wege, die Sie zum Erfolg führen.

Einen Stand-punkt habe ich mir erarbeitet; jetzt kann ich Sie überzeugen.

ich der einen Person dieses und einer anderen etwas ganz individuell anderes sagen muß. Alle haben ihre Stärken und Schwächen, die aber ganz verschieden angelegt sind. Allgemeine Vorgehensweisen und Verhaltensmuster anzuregen wäre deshalb gefährlich, weil sie manchen zwar vielleicht helfen, anderen aber eher schaden könnten. Wenn Ihnen ein Seminarprospekt oder ein Buch verspricht: »So überzeugt man besser!«, seien Sie äußerst mißtrauisch. Vielleicht überzeugt man so besser, aber ob **Sie** damit besser überzeugen, bleibt dahingestellt!

Es ist eine reine Mutfrage, ob Sie etwas weiter gehen wollen als bisher.
Ob Sie sich mehr öffnen, mehr aus sich herausgehen können. Wenn ich Ihnen dazu Mut machen kann, ist schon viel erreicht. Bei sehr vielen meiner Kursteilnehmer mußte ich nur sagen: »Tun Sie **das,** Sie können es, Sie werden sehen!«, und siehe da, **es** funktionierte wirklich. In den meisten Menschen steckt viel mehr, als sie ahnen. Auch Sie besitzen wahrscheinlich ungeahnte Kräfte, Sie müssen diese nur freilegen.

Sie können sich nur auf sich selbst verlassen.
Mein Buch soll Ihnen helfen, Ihr Selbstvertrauen zu stärken. Aus diesem positiven und optimistischen Gefühl heraus – »Ich werde es schaffen, ich werde es gut machen!« – werden Sie mit Sicherheit mehr erreichen als zuvor.

Ihre kommunikative Kompetenz

Wann immer Sie etwas erreichen wollen:

- in Gesprächen,
- am Telefon,
- in Meetings,
- in Verhandlungen,
- in Ihren Reden und Vorträgen,

Es ist merkwürdig, daß ein mittelmäßiger Mensch oft vollkommen recht haben kann – und doch nichts durchsetzt.
(Christian Morgenstern)

ist Ihre Kommunikationsfähigkeit entscheidend. Was nützt es, viel zu wissen und viel zu können, wenn man beides nicht anderen vermitteln, »rüberbringen« kann? Die fachliche Kompetenz ist sicher wichtig. Es ist von Vorteil, eine gute Ausbildung und berufliche Erfahrung zu haben. Wir wollen das auch gar nicht in Frage stellen. Aber wie viele kluge und erfahrene Leute gibt es, die trotz ihres Wissens keinen Erfolg haben?

Andere, die vielleicht gar nicht so viel wissen, verstehen es jedoch, Menschen zu begeistern, für sich zu gewinnen und zu überzeugen. Und diese haben Erfolg!

Soziale Kompetenz ist die Fähigkeit, mit sich selbst, mit seinem Leben und mit anderen Menschen konstruktiv umgehen zu können.

Ihre kommunikative Kompetenz ist Teil Ihrer sozialen Kompetenz.

Diese wird immer wichtiger. Was ist soziale Kompetenz?

Kann man soziale Kompetenz erlernen, sich später noch aneignen, auch wenn man sich selbst in dieser Hinsicht für nicht sehr begabt hält?

Kann jemand, der eher zurückhaltend, introvertiert, vielleicht sogar eher scheu ist, eine hohe kommunikative Kompetenz erwerben?

Aus meiner Erfahrung mit über 15 000 Führungskräften

und Verkaufspersönlichkeiten, die ich in den letzten Jahren trainiert habe, kann ich diese Frage eindeutig mit »Ja!« beantworten.

Jeder kann lernen, besser mit anderen Menschen zu kommunizieren. Auch Sie können Ihre Kommunikationsfähigkeit jederzeit verstärken und ausbauen. Dabei müssen Sie aber streng darauf achten, daß Sie auf der Basis Ihrer eigenen Anlagen und Begabungen aufbauen und niemals Ihre eigene Identität und Authentizität aufgeben oder verleugnen.

Ihre Wirkung auf andere Menschen bleibt ohnehin so, wie sie immer war. Sie können auf andere Menschen nicht sehr viel anders wirken als bisher. Allein durch Ihr Dasein wirken Sie auf andere, auch wenn Sie kein Wort sagen.

Sie können allerdings Ihre Wirkung enorm verstärken.

Stellen Sie sich vor, Sie haben eine Aura. Normalerweise verstrahlen Sie Ihre Kräfte rund um sich herum, so wie ein Rundfunk- oder Fernsehsender.

Nun bündeln Sie Ihre Kräfte und richten sie voll auf einen – oder mehrere – Menschen wie mit einer Richtstrahlantenne oder einem Laserstrahl. Sie gewinnen damit sehr stark an Einfluß auf diesen Menschen. Man kann Ihnen nicht entrinnen, man ist von Ihnen beeindruckt.

Soziale Kompetenz setzt Vertrauen und Zuversicht voraus. Zeigen Sie dies.

Die Frage bleibt immer offen, ob das, was Sie anstreben, das richtige ist. Ist es das richtige für Sie, müssen Sie dafür kämpfen, damit andere das auch so sehen.

Dazu müssen Sie Überzeugungsarbeit leisten.
Es muß eine gute Arbeit sein. Wie bei allen anderen Arbeiten kommt es dabei nicht nur auf das Umfeld, die angewandte Strategie, die Taktik und die Qualität der verwendeten Hilfsmittel, sondern vor allem auf Sie selbst an.
Ich bin der festen Überzeugung, daß man Kommunikationsfähigkeit erlernen kann.

Ihre emotionale Intelligenz

Sie kennen sicher Ihren IQ (Intelligenz-Quotient). Der IQ stellt das Maß für die allgemeine intellektuelle Leistungsfähigkeit dar, er läßt sich also bestimmen. Dafür existieren verschiedene Testserien, die mittlerweile allerdings recht umstritten sind. Man hat längst erkannt, daß es verschiedene Formen der Intelligenz gibt. Wie wollen Sie zum Beispiel »Bauernschläue« einordnen? Das ist eine Form der Intelligenz, die nichts mit dem IQ zu tun hat und die – in sehr vielen Fällen – zum Erfolg führt.

Zugegebenermaßen froh und auch mit einer gewissen Genugtuung stelle ich fest, daß mittlerweile sogar die Amerikaner neben dem Kopf die Existenz des Herzens entdeckt haben. Ich habe selbst einmal neun Jahre lang in einem amerikanischen Unternehmen als Verkäufer und später als Verkaufsleiter gearbeitet. Obwohl ich sehr erfolgreich war – ich produzierte die erwarteten Umsatzergebnisse –, wurde es mir dort doch zu unpersönlich, zu kalt und zu unmenschlich. Deshalb verließ ich dieses Unternehmen und wechselte in ein anderes, europäisches, wo der Mensch damals noch etwas zählte.

Aus den USA kommt auch ein neuer Begriff: »Emotionale Intelligenz«. Der Psychologe Daniel Goleman veröffentlicht in seinem Buch gleichen Titels Ansätze, die ich schon seit vielen Jahren in meinen eigenen Büchern publiziere und in meinen Seminaren und Vorträgen vermittle. Er hat offenbar entdeckt, daß man neben dem Verstand auch seine Gefühle – und die Gefühle anderer Menschen – akzeptieren, ansprechen und aussprechen muß, wenn man andere wirksam motivieren und überzeugen will.

Zuerst müssen Sie Ihre eigenen Gefühle erkennen und akzeptieren.

Sie müssen sich klar darüber werden, was eigentlich in Ihnen vorgeht, und zwar situativ und momentan. Was haben Sie für eine Einstellung? Was haben Sie für Gefühle? Das müssen Sie erkennen, bevor Sie daran etwas ändern wollen. Wenn Sie sich »im Griff« behalten wollen, müssen Sie zuerst überhaupt wissen, welche Gefühle in Ihnen jeweils vorherrschen. Sonst besteht die Gefahr, daß Sie von Ihren eigenen Gefühlen dominiert oder sogar gesteuert werden. Das kann gefährlich werden, sogar in Extremen wie Mord und Totschlag enden. Schon mancher hat eine Untat begangen und dann im nachfolgenden Strafprozeß erfahren müssen, daß er nicht mehr Herr seiner selbst war. Möglicherweise wirkt sich das strafmildernd aus, aber die Tat wurde trotzdem begangen.

Als zweites müssen Sie versuchen, Ihre momentan dominierenden Gefühle in den Griff zu bekommen. Das nennt man auch Selbstbeherrschung, oder ich sage oft auch: Selbstmanagement. Sich selbst zu managen ist vielleicht das Schwierigste, was es gibt. Aber sofern es Ihnen gelingt, wenigstens zu erkennen, daß Sie im Begriff sind, Ihre Selbstbeherrschung zu verlieren, können Sie noch etwas dagegen tun. Wenn Sie warten, ist es oft zu spät und Sie sind ganz Sklave Ihrer momentan dominierenden Gefühle. Das können sowohl negative als auch positive Gefühle sein. Und in beiden Extremen lauern Gefahren.

Der jähzornige, haßerfüllte Mensch ist zu grausamen Taten bereit. Der allzu begeisterte, euphorische Mensch verliert jeden Bezug zur Realität und läßt sich zu unvernünftigen Entscheidungen hinreißen.

Ihr Gefühlsmanagement kann über Ihr Lebensglück entscheiden. Wichtig sind auch Ihre Gefühle, die Sie gegenüber sich selbst empfinden. In den Kapiteln ab Seite 43 schreibe ich darüber.

Als nächstes müssen Sie die Gefühle anderer erkennen und versuchen, sie zu beeinflussen.

In allen Kontakten mit Ihren Mitmenschen ist es ganz wichtig, daß Sie erkennen, wie sich jemand fühlt. Im nächsten Hauptkapitel »Besser empfangen und verstehen« erkläre ich ausführlich, wie Sie vorgehen können, um andere Menschen zu öffnen und zu erkennen.

Im Kapitel »Emotionale Ich-Botschaften« lesen Sie, wie Sie Ihre eigenen Gefühle aussprechen können und somit den anderen Menschen eine fundamentale Orientierung geben. Sie erfahren auch, wie Sie positive Körpersprachsignale aussenden können, um eine positive Einflußnahme auf andere zu gewinnen. Dieses Vorgehen ist oft wirksamer als das beste Argument. Menschen können über das Herz meistens mehr bewegt und beeinflußt werden als über den Verstand.

Aber nicht nur andere, sondern auch sich selbst sollten Sie positiv beeinflussen können. Sie brauchen also nicht nur Selbstmanagement, sondern auch Selbstmotivation. In meinem Buch »Natürliches Verkaufen« beschreibe ich ausführlich mehrere Wege, wie Sie sich immer wieder selbst motivieren und Ihre eigene Batterie aufladen können.

Ihre emotionale Intelligenz wird wichtiger. Nichts gegen gescheite Leute! Aber diese müssen ebenso die Fähigkeit besitzen, mit sich und anderen optimal zu kommunizieren. Das ist in vielen Fällen ein großer Mangel und auch der Grund, warum kein Erfolg erzielt werden kann. Erfolgreich sein können Sie nicht mit dem Verstand allein, sondern Ihr eigenes Herz und die Herzen anderer spielen immer mit.

Beurteilen Sie richtig?

Sie haben sicherlich in Ihrem beruflichen und privaten Leben schon vieles erreicht. Je nachdem, wieviel Sie erreicht haben, sind Sie glücklich und zufrieden oder weniger zufrieden, enttäuscht, verbittert, abgehärtet, hartgesotten, frustriert. Vielleicht haben Ihre Niederlagen und Enttäuschungen, die Sie erleben mußten, in Ihnen etwas verändert. Möglicherweise hat aber auch Ihr Erfolg etwas zu einer Veränderung beigetragen.

Die Veränderung, die ich meine, ist Ihre Einschätzung und Beziehung zur Umwelt und zur Realität. Jeder von uns hat eine Landkarte, mit der er die Realität betrachtet. Die Realität ist für alle die gleiche, aber die Landkarten sind sehr verschieden. Wie sieht Ihre Landkarte aus?

Ist Ihre Landkarte rosarot? Haben Sie die Tendenz, alles positiv und optimistisch einzuschätzen? Oder überwiegen Grau und Schwarz, sind Sie eher vorsichtig, pessimistisch oder sogar mißtrauisch?

Haben Sie Vorurteile?
Wenn Sie schlechte Erfahrungen gemacht haben, sind Vorurteile eine logische Konsequenz. Sie projizieren Ihre negativen Erlebnisse auf das, was bevorsteht, was immer es auch ist. Damit sind Sie aber in hohem Maße eingeschränkt in Ihrer Überzeugungskraft. Sie können nicht mit voller Kraft vorausfahren, denn die Vorurteile sind wie Gewichte, die sich an Ihnen festklammern. Dadurch werden Sie gehemmt und gebremst. In vielen Fällen wird sich eine negative Vorstellung sogar realisieren (Selffulfilling prophecy).

Sind Sie beeinflußbar?

Hören Sie sehr stark auf andere? Wenn Ihnen jemand über eine Drittperson etwas Negatives erzählt, nehmen Sie das für bare Münze? Lassen Sie sich durch Hinweise anderer beeinflussen in der Einschätzung solcher Drittpersonen? Ich persönlich habe immer wieder erlebt, daß mich solche Hinweise meistens total irregeführt haben. Aufgrund gutgemeinter Warnungen von Freunden, die mich auf den schlechten Charakter eines Menschen oder auf andere negative Eigenschaften hingewiesen haben, bin ich mit Mißtrauen auf diesen Menschen zugegangen. Dann mußte ich feststellen, daß alles nicht stimmte, wenigstens habe ich es so nicht selbst gesehen und erlebt. Seit einiger Zeit will ich nichts Negatives mehr über Personen hören, mit denen ich zu tun habe. Ich blocke solche Warnungen ab und sage offen, daß ich mich nicht unnötig belasten möchte. Es fällt mir schwer, mit einer positiven Einstellung auf einen Menschen zuzugehen, der mir von jemandem als ein schlechter Mensch geschildert wurde, vor dem man sich in acht nehmen muß.

Natürlich bin ich objektiv, aber die Schwachstellen sind mir bekannt.

Sind Ihre Informationen objektiv?

Wenn Sie sich in einer Führungsposition befinden, ist alles, was man Ihnen zuträgt, irgendwie gefärbt. Alle Informationen, die man an Sie weitergibt, sind beeinflußt von einer bestimmten Strategie. Jemand möchte beispielsweise eine Person aus dem Unternehmen entfernen, aus welchen Gründen auch immer, vielleicht spielen ganz persönliche, private Gründe dabei eine Rolle. Wird er Ihnen Gutes über diese Person erzählen? Ganz sicher nicht. Er wird diese Person schlechtmachen, wo immer er nur kann. Prognosen und Berichte Ihrer Mitarbeiterinnen und Mitarbeiter über deren Ziele und Aktivitäten sind meistens positiv und optimistisch. Sind sie jedoch realistisch?

Stimmen frühere Beurteilungen noch?

Sie haben vor einiger Zeit die geschäftliche und wirtschaftliche oder auch Ihre persönliche Situation eingeschätzt. Diese Einschätzung hat sich als richtig herausgestellt. Stimmt diese Beurteilung der Sachlage heute noch? Oder haben sich wesentliche Faktoren verändert? Wissen Sie überhaupt, was sich verändert hat, oder zeichnet man Ihnen bewußt ein übertrieben positives Bild? Macht man Ihnen dauernd etwas vor, weil man selber Angst vor der momentanen, viel schlechteren Lage hat? Ich habe in letzter Zeit mehrmals miterlebt, wie Leute in Spitzenpositionen mit einem Krach entlassen wurden, weil Sie offenbar die Lage völlig falsch beurteilt hatten und dauernd Schönfärberei betrieben. Diese allzu optimistische Beurteilung kam deshalb zustande, weil ihr ganzes Umfeld große Angst vor einem abzusehenden, drohenden Kollaps hatte und deshalb alle schlechten Informationen einfach verdrängt oder ins Positive verfälscht hatte.

Sind Sie flexibel in Ihren Standpunkten?

Sind Ihre Urteile unumstößlich? Bleiben Sie, wenn Sie sich einmal eine Meinung gebildet haben, stur auf dem gleichen Kurs? Es gibt Beispiele, wo eine festgefahrene Meinung, die zunächst niemand nachvollziehen konnte, sich letztlich als richtig herausgestellt hat. Einer der obersten Chefs der größten Schweizer Bank hatte sich immer geweigert, mit einem Financier zusammenzuarbeiten, der jahrelang durch große Erfolge aufgefallen war. Alle Banken hatten sich um eine Zusammenarbeit mit diesem Mann beworben und ihm Kredite förmlich nachgeworfen. Er, der Chef besagter Bank, hatte allen seinen Mitarbeiterinnen und Mitarbeitern strikt verboten, mit diesem Mann Geschäfte zu machen. Niemand konnte das verstehen. Schließlich stellte sich jedoch heraus, daß dieser Mann ein veritabler Betrüger war – er hatte eine Milliardenpleite verursacht. Heute sitzt er auf den Bahamas und wurde bisher (noch?) nicht an die Schweiz ausgeliefert. Die erwähnte Bank hat keinen Rappen an diesen Betrüger verloren, die Verluste der anderen Banken gehen in die Millionen.

Solche Beispiele bleiben wohl die Ausnahme. Wenn jemand stur an einer Meinung festhält und sich nicht durch Veränderungen beeinflussen läßt, liegt er meistens falsch. Aber es ist schwierig, sich abzusichern, ob die Beurteilung, die man selbst getroffen hat, auch richtig ist. Manchmal braucht es einfach Mut, zu entscheiden und zu handeln.

Sie können sich nie ganz absichern, wenn Sie sich eine endgültige Meinung bilden wollen, die Sie dann an andere Menschen weitergeben. Letztlich ist es Ihre innere Stimme, die Ihnen sagt, ob Sie tun wollen, was Sie für richtig halten.

Die Notwendigkeit zu entscheiden geht weiter als die Möglichkeit zu erkennen.
(Immanuel Kant)

Stellen Sie sich folgende Fragen:

- Wie wirkt sich meine Meinung auf meine eigene Zukunft aus?

- Was sind die Konsequenzen meiner Entscheidung?

Wenn ich überzeugt und mutig bin, sprechen meine Hände stärker als mein Mund.

- Was riskiere ich persönlich mit meiner Entscheidung?

- Ist dieses Risiko für mich tragbar?

- Wie wären die Auswirkungen für mich, wenn ich jetzt nicht so entscheide?

Es gibt verschiedene Merkmale, die erfolgreiche Manager, Industrielle und Financiers auszeichnen. Ein Merkmal jedoch treffe ich bei allen an, die überdurchschnittlich erfolgreich sind: ihren Mut und ihre Fähigkeit, schnelle Entscheidungen zu treffen.

Mir fallen ad hoc drei überaus erfolgreiche Persönlichkeiten ein:

1. Ernst Thomke
Dieser Mann hat in der Schweiz bekannte Unternehmen wie Pilatus und Motor Columbus in kurzer Zeit so erfolgreich saniert, daß sie wieder Gewinne machen und gute Zukunftschancen haben. Er ist bekannt dafür, daß er blitzartig entscheidet. Während andere abwägen, prüfen, gegenüberstellen und zögern, hat er bereits entschieden. Oft trifft er eine Entscheidung innerhalb von 24 Stunden, die normalerweise mehrere Monate in Anspruch nehmen würde. Seine Ideen und Entscheide sind meistens so offensichtlich und logisch, daß sich jedermann die Frage stellt: »Warum haben wir das nicht schon längst so gemacht?« Es ist unmöglich, ihm zu widerstehen. Er überzeugt durch seine unerschütterliche und unmißverständliche Art. Es ist eine autoritäre Art, die aber nicht unberechtigt oder unangenehm erscheint, es ist die Autorität des Könners.
Aber er ist nicht nur ein Könner, er ist ein Genie. Nach seinem selbstverdienten Studium der Chemie – im Sommer verdiente er Geld als Tennislehrer und im Winter als Skilehrer – hatte er bald in einem internationalen Pharmakonzern den Posten eines Generaldirektors inne. Damit nicht genug, studierte er neben der Ausübung seines anspruchsvollen Jobs noch Medizin und machte das Staatsexamen als Arzt. Er ist berühmt für

seine telefonischen, treffenden medizinischen Ferndia-
gnosen. Aber auch für seine Fähigkeit, in einem Unternehmen sofort die Schwachstellen, Fehlverhalten und
Unstimmigkeiten aufzudecken. Zudem kann er hervorragend kommunizieren.
Während ich dieses Buch schreibe, hat Ernst Thomke
gleich zwei neue Mandate gleichzeitig übernommen:
Saurer und Bally. Zwei alte Schweizer Unternehmen,
die beide momentan Probleme haben. Das ist über-
menschlich, das kann nur jemand, der viel schneller
analysiert, entscheidet und handelt als jeder andere.

2. Percy Barnevik

Er hat die BBC und ASEA zum weltweit größten Kon-
zern ABB zusammengeschmiedet und auf Erfolgskurs
gebracht. Auch er trifft Entscheidungen sehr kurzfristig. Er gibt sogar öffentlich zu, daß er manchmal auch
falsche Entscheide fällt.
Barnevik ist als Schwede (und Nachfahre der mutigen
Wikinger) manchmal etwas grobschlächtig und sehr direkt, aber er gehört zu den erfolgreichsten Managern
der Welt.

3. Barbara Kux

Sie hat nach der Liberalisierung der osteuropäischen
Staaten in kurzer Zeit für ABB östliche Unternehmen
als Joint-ventures geworben und eingekauft. Andere
Konzerne zeigten auch starkes Interesse an solchen
Akquisitionen, aber Barbara Kux war einfach immer
schneller. Diese Frau ist wie ein Wirbelwind, man kann
ihr kaum widerstehen, denn sie nimmt jeden Menschen
sofort für sich ein. Sie verfügt zudem über eine große
Ausdauer. Ganz zu Beginn ihrer Aktivität war sie auf
starken Widerstand gestoßen. Vor allem der damalige
Handelsminister eines Oststaates war ihrem Vorhaben
gegenüber sehr negativ eingestellt. Sie war keineswegs
aufdringlich zu ihm, sie hatte ihn einfach jeden Tag
angerufen, auch samstags und sonntags, bis er
zustimmte...
Jetzt ist sie für Nestlé im Ostgeschäft tätig und ebenfalls sehr erfolgreich. Ihre Chefs lassen sie völlig selb-
ständig entscheiden und handeln. Bei ABB war das

**Wenn ich zehn
rasche Ent-
scheidungen
fälle, sind
mindestens
drei davon
falsch. Diese
Konsequenzen
nehme ich auf
mich. Es wäre
bedeutend
schlimmer, mit
den anderen
sieben Ent-
scheidungen
gewartet zu
haben.**
(Percy Barnevik)

offensichtlich, Barnevik agiert in dieser Form. Bei Nestlé schenkt ihr **Helmut Maucher** genauso volles Vertrauen. Eigentlich muß ich Helmut Maucher ebenfalls erwähnen als einen Menschen, der es versteht, sofort die richtigen Entscheidungen zu treffen. Dazu kommt, daß er eine sehr große soziale Kompetenz besitzt. Jedesmal wenn ich mit ihm ein Gespräch führe, fühle ich mich hinterher besser als vorher, auch wenn ich anderer Meinung war. Das nenne ich eine seltene Kunst!

Was hält Sie eigentlich davon ab, auch etwas an Power und Tempo zuzulegen?
Ihre Überzeugungskraft hängt unmittelbar davon ab, wie Sie sich selbst zu Ihren bevorstehenden Zielen und Aufgaben stellen. Wenn Sie persönlich felsenfest davon überzeugt sind, das **Richtige zu tun und es gleich sofort tun,** kann ich Ihnen jetzt schon voraussagen, daß sich Ihre Erfolge mehren werden. Vielleicht liegt darin ab und zu eine Fehlentscheidung, aber die Bilanz wird sicher positiv sein.
Wie heißt es so schön? Wer nichts macht, macht auch keine Fehler! Die Bayern sagen: »Schaun mer mal!« Voraussehen kann man fast nichts. Was heute richtig ist, kann morgen falsch sein. Aber umgekehrt stimmt's auch: »Was heute falsch erscheint, kann morgen goldrichtig sein!« Abgesehen davon gibt es selten die eindeutig richtige oder falsche Entscheidung. In den meisten Fällen birgt sie sowohl positive als auch negative Tendenzen.
Ich mache Ihnen Mut, anstatt immer nur im zweiten Gang zu fahren, den dritten und vierten Gang einzulegen! Zögern Sie nicht, beschleunigen Sie, wenn Sie überzeugt sind!

So wie Sie sind, wirken Sie auf andere

Alles, was in Ihnen selbst vorhanden ist, strahlt aus Ihnen heraus. Sie können das niemals verhindern. Alles, was Sie sind, überträgt sich auf andere (umgekehrt natürlich auch).

Vorhandene Gefühle übertragen sich.
Je nach Sensibilität empfängt ein anderer Mensch diese Gefühle mehr oder weniger stark. Sensible Menschen empfangen sofort alle Gefühle eines anderen, wenn sie mit ihm zusammen sind. Stimmen diese Gefühle nicht mit der verbalen Botschaft überein, wird diese Botschaft sofort in Frage gestellt.

Ihre Körpersprache verrät Sie.
Jeder Mensch ist ein Vollprofi im Wahrnehmen von Körpersprachsignalen. Die Körpersprache ist wesentlich älter als die gesprochene Sprache. Nach C. G. Jung ist das »kollektive Unbewußte« von Geburt an in der Lage, die Körpersprache eines anderen zu verstehen. Das Gesicht sendet Tausende von Signalen, die Muskeln um die Augen und den Mund herum verändern sich. Jedes Signal nehmen wir wahr und vergleichen es mit der verbalen Botschaft. Wenn wir die leiseste Inkongruenz feststellen, das heißt, wenn die Körpersprache nicht mit dem Inhalt der verbalen Botschaft übereinstimmt, ziehen wir sofort die Botschaft in Zweifel.
Gehen Sie also davon aus, daß Sie mit Ihrer ganzen Persönlichkeit, mit Ihrem Denken und Fühlen bereits einen starken Einfluß auf andere Menschen ausüben.
Es ist deshalb entscheidend, was für eine Haltung Sie einnehmen und mit welcher Einstellung Sie auf Menschen zugehen.

Was du bist, schreit so laut in meine Ohren, daß ich nicht hören kann, was du sagst.
(Ralph Waldo Emerson)

»Ich bemühe mich echt und ehrlich um die Gunst der Person oder der Personen, die ich überzeugen will. Ich mache keine Unterschiede. Ich versuche, echte Sympathie für jede Person zu empfinden, die ich beeinflussen will. Ich gebe mich allen ganz.«

Es ist eine der härtesten Strafen für den Menschen, von anderen ignoriert zu werden.

Jemand, der andere betrügen will, hat bereits das Problem, daß seine verwerfliche innere Einstellung aus ihm herausstrahlt und sich auf andere überträgt.

Jemand, der einen anderen Menschen innerlich ablehnt, ihn vielleicht sogar haßt, hat keine Chance, diesen von irgend etwas zu überzeugen. Seine nonverbale Einflußnahme ist derart massiv negativ, daß der andere alle »inneren Türen« zumacht.

Für Ihr Überzeugungsgespräch, für Ihre Verhandlung und für Ihren Vortrag müssen Sie sich vorher mit Ihren Verhandlungspartnerinnen und -partnern sowie mit Ihren Zuhörerinnen und Zuhörern innerlich auseinandersetzen. Wenn Sie sich ehrlich bemühen, diese Personen zu mögen, dann haben Sie eine große Chance, daß auch diese Menschen Sie mögen. Und damit haben Sie schon gewonnen!

Es ist unmöglich, jemanden nachdrücklich zu überzeugen, den man von Anfang an nicht mag. Fast noch schlimmer ist es, wenn man sich für andere Personen überhaupt nicht interessiert. So hat man nach kurzer Zeit alle Chancen verscherzt. Alle Menschen verstehen solches Desinteresse als Mangel an Zuwendung und Wertschätzung.

Wenn Sie sich immer das emotionale Ziel setzen, sich wirklich um die Gunst jeder Person echt zu bemühen, die Sie überzeugen wollen, empfinden diese Ihre Einstellung als starkes, inneres Engagement, Wohlwollen, Respekt und Interesse. Sie haben den richtigen Laserstrahl auf die Leute gerichtet. Dann ist Ihnen der Erfolg schon fast sicher.

Was tun, wenn Sie gegenüber einer Person schlechte Gefühle verspüren? Vielleicht haben Sie schlechte Erfahrungen gemacht, und Ihre negativen Gefühle sind mehr als berechtigt. Sie möchten ja gerne positive Gefühle empfinden, bringen das aber einfach nicht fertig. Diese Situation ist die schwierigste überhaupt. Wenn es Ihnen nicht gelingt, Ihre negativen Gefühle abzubauen, ist der Mißerfolg schon vorprogrammiert. Versuchen Sie, die folgende Übung durchzuführen:

In einer ruhigen und stillen Stunde versuchen Sie, sich ganz zu entspannen. Schließen Sie Ihre Augen. Atmen Sie ein paarmal ruhig und regelmäßig ein und aus. Jetzt stellen Sie sich das Gesicht der entsprechenden Person vor. Nehmen Sie die Person »auf den Bildschirm«. Dann lenken Sie einen gelben Strahl von Wärme und Wertschätzung – aus Ihrer Körpermitte heraus – auf diese Person. Sie werden feststellen, daß Ihnen das in der tiefen Entspannung relativ leichtfallen wird (im Wachzustand wäre das unmöglich). Jetzt reden Sie in Gedanken mit dieser Person. Sagen Sie ihr – wie einem kleinen Kind in der Du-Form – liebe Dinge wie zum Beispiel: »Ich versuche, dich zu mögen. Ich schätze und achte dich. Du bist mir wichtig. Ich bin dir wohlgesinnt.« Vermeiden Sie negative Äußerungen wie beispielsweise: »Hab keine Angst, sei mir nicht böse!« Das Unbewußte kennt keine Negationen und würde nur »Angst« und »böse« registrieren. Verharren Sie eine Zeitlang in dieser meditativen Entspannung, und lassen Sie alles ein wenig auf sich und diese Person einwirken. Die Erfolge dieses Vorgehens sind sensationell – damit konnten schon Spannungen abgebaut, Prozesse verhindert und Kompromisse erzielt werden, die vorher unmöglich schienen. Vermutlich werden durch solche Übungen vorhandene negative Gefühle so weit abgebaut, daß sie keine Auswirkungen mehr haben. Ich selbst mache solche Übungen mehrmals, die letzte jeweils unmittelbar vor einer Verhandlung oder einem schwierigen Gespräch.

Jetzt werden Spannungen abgebaut, Prozesse ausgelöst. Kommen Sie, machen Sie mit.

Wenn Sie voll und ganz an das glauben, was Sie vortragen, ist der Erfolg schon zu 90 Prozent gewährleistet.

Perfekt vorgetragene Argumente erwecken Mißtrauen. Man fragt sich: »Wo ist da der Haken?«

Ein großer Teil des Erfolges hängt von Ihrer eigenen Überzeugung ab.

Was Sie selbst fühlen, werden Sie auch vermitteln. Fühlen Sie sich selbst unsicher, so fühlen das andere auch. Sind Sie nicht überzeugt von dem, was Sie vortragen, können Sie niemals erwarten, andere zu überzeugen, denn diese spüren sofort Ihren eigenen Mangel an Überzeugung.

Wenn Sie selbst völlig davon überzeugt sind, daß das, was Sie sagen wollen, wichtig ist, dann sind es Ihre Zuhörerinnen und Zuhörer auch.

Wenn Sie aber anstreben, perfekt zu argumentieren und vorzutragen, dann überträgt sich auch dieses Gefühl. Dies ist jedoch kontraproduktiv für Sie. Jemand, der nach rhetorisch-dialektischer Perfektion trachtet, vermittelt den Eindruck eines Musterschülers. Oder noch schlimmer: Er schürt Mißtrauen. Warum?

Wir sind allergisch geworden gegenüber der zunehmenden Beeinflussung, die von außen kommt. Wir alle reagieren auch mißtrauisch gegenüber perfekten Argumenten. Zuviel »Perfektes« wirkt auf uns ein. Wissenschaftliche Begründungen können leicht umgestoßen und ins Gegenteil gewendet werden. Was sollen wir noch glauben?

Rhetorisches Können ist zweideutig. Einerseits impliziert es, sich klar auszudrücken, Menschen begeistern, überzeugen und beeinflussen zu können. Andererseits kann es aber auch bedeuten, mit teuflisch geschliffener Zunge alles, auch Unwahrheiten, ins rechte Licht zu rücken und seine Umwelt zu manipulieren. Vor allem seit Adolf Hitler und Joseph Goebbels sitzt in den Menschen eine tiefe Angst: die Angst, irregeleitet und zu unlauteren Taten verführt zu werden. Diese Furcht hat sich in letzter Zeit noch weiter verstärkt. Fast jeden Tag werden in den Medien von Sprechern aus Politik und Wirtschaft geschliffene Statements vorgetragen, die zwar sehr gut klingen, sich aber oft nach kurzer Zeit als glatte Lüge erweisen.

Dem allgemein zunehmenden Mißtrauen können wir nicht mit perfektem Argumentieren begegnen, ganz im Gegenteil: Unsere einzige Chance besteht darin, uns ganz natürlich zu geben. Und natürliches Verhalten ist niemals fehlerfreies Verhalten.

Ein perfekter Redner darf nicht perfektionistisch sein; Zweifel sind erlaubt.

Hier gehe ich mit der Auffassung der klassischen Rhetorik und Dialektik nicht konform. Nach meiner Überzeugung sind gewisse weitverbreitete Ansichten und Methoden völlig überholt. Zu oft habe ich »perfekten« Rednerinnen und Rednern zugehört und eine Wut verspürt, die sich langsam in mir aufbaute. Immer wenn »gute Rhetoriker« längere Zeit einen Vortrag hielten, hätte ich sie am liebsten geohrfeigt. Selbst wenn ich mit dem einverstanden war, was er oder sie sagte – ich lehnte ihn oder sie als Person ab. Ich wartete nur auf einen Fehler oder einen Versprecher. Aber dazu kam es kaum jemals. Leider! Es gibt Rednerinnen und Redner, die ich nicht ausstehen kann. Wenn ich sie im Fernsehen erlebe, mache ich das Bild dunkel und höre mir nur noch ihre Stimme an. Die Argumentation ist an sich interessant, und so fällt es leichter, mir diese anzuhören. Aber als Redner oder Rednerin kann ich die Person nicht ertragen. Ihr fehlerfreies, rhetorisch perfektes Verhalten erzeugt in mir eine tiefe innere Ablehnung. Die negative Ausstrahlung zerstört ihre Botschaft. Besser wäre es, gleich auf dem Papier nachzulesen, was sie zu sagen haben. Dann wäre die negative Persönlichkeitswirkung wenigstens ganz ausgeschaltet.

Wenn Sie große Angst davor haben, in einer Rede oder in einem Gespräch Fehler zu machen, dann ändern Sie Ihre Einstellung!

Fehler in der freien Rede sind erlaubt. Sie bieten den Zuhörerinnen und Zuhörern eine Basis der Identifikation mit Ihnen.

Ich bin nicht o.k.
Du bist nicht o.k.
Das ist schon o.k.!

Versuchen Sie, Fehler als willkommene, emotionale Brücken zu den Personen zu sehen, die Sie überzeugen wollen.

Der Weg zum anderen führt über Sie selbst! Wenn Sie sich selbst für perfekt halten, sind Sie auch sehr empfindlich gegenüber den Fehlern anderer Menschen.

Halten Sie sich selbst jedoch nicht für fehlerfrei, sind Sie automatisch toleranter gegenüber den Fehlern und Mängeln anderer. Das macht Sie verständnisvoll und sympathisch.

So wirken Sie positiv auf andere Menschen.

Überzeugen Sie durch Souveränität

Die Fähigkeit, Fehler zu akzeptieren und anderen gegenüber einzugestehen, ist ein wichtiger Bestandteil Ihres Ethos. So wirken Sie ehrlich. Gleichzeitig machen Sie anderen Mut, denn Ihre Haltung spendet den anderen Selbstvertrauen. »Wenn diese Person ihre eigenen Fehler eingesteht, kann sie ja kein schlimmer Mensch sein, bei ihr sind auch Fehler meinerseits erlaubt!«

Souverän ist, wer zu sich selbst und zu seinen Fehlern steht.

Bleiben Sie immer sich selbst treu.
Spielen Sie keine fremde Rolle, sondern seien Sie immer Sie selbst. Sobald Sie sich verfremden, kommen Sie nicht mehr an. Sie wirken unglaubwürdig.
Originale sterben leider aus. Warum? Weil eine Uniformität des Verhaltens überhandgenommen hat. Man benimmt sich so und nicht anders, wenn man eine wichtige Position innehat. Die Berufsrolle prägt eine gewisse Vorgehens- und Verhaltensweise.
Machen Sie da nicht mit. Heben Sie sich bewußt von der Masse ab. Aber wie soll das geschehen?
Sie haben nur eine einzige Chance, sich zu profilieren. Der Weg liegt in der Verwirklichung Ihrer eigenen Persönlichkeit. Seien Sie authentisch!

Jeder Mensch hat die Anlagen zu einem Original. Es gibt nur einen einzigen Menschen, der so ist wie Sie. Sie selbst!

Verleugnen Sie nichts, was mit Ihnen zu tun hat.
Alles, was mit Ihnen zusammenhängt, gehört zu Ihnen! Was Sie ablegen, verwischen und verleugnen, fehlt Ihnen irgendwann. Sie werden nicht stärker, sondern schwächer. Akzeptieren Sie alles, was Sie geprägt hat: Herkunft, Kindheit, Jugend, Elternhaus, Erziehung, Schule, Ausbildung (oder auch fehlende Ausbildung!), Land, Tradition, Geschichte.
Seien Sie skeptisch gegenüber allen Hinweisen und

Verleugnen Sie niemals Ihre Herkunft. Sie verleugnen damit sich selbst!

Noch ein Argument, dann haben wir alle die Botschaft begriffen, worum es geht.

Polieren Sie nicht allzusehr an sich herum, sonst glänzen Sie nur noch, und man sieht nicht mehr, was für eine Münze Sie sind.

Ratschlägen, die Ihre Person betreffen. Verlassen Sie sich auf Ihr Gefühl. Prüfen Sie solche Hinweise selbst, indem Sie sich mit einer Videokamera aufnehmen und sich anschließend kritisch am Bildschirm betrachten. Fragen Sie mehrere andere Personen, was sie von einem Ratschlag halten, der eine Veränderung Ihrer äußeren Erscheinung mit sich bringt (»Soll ich meinen Bart abnehmen?«). Lassen Sie sich nicht zu einem Einheitstypen abstempeln, sondern bewahren Sie Ihre Originalität!

Ich hatte schon darauf hingewiesen, daß Sie vorsichtig sein sollten gegenüber Tips, Rezepten und Ratschlägen, die Sie in Büchern und Seminaren erfahren. Dort wird zu oft pauschaliert und vereinfacht. Es ist überhaupt sehr riskant, Ratschläge zu geben. Außerdem muß nicht jeder Hinweis auch unbedingt automatisch auf Sie zutreffen! Ein pauschaler Ratschlag, der in »anerkannten Seminaren« oder »einschlägigen Büchern« abgegeben wird, kann für Sie durchaus von Nachteil sein.

In allen Begegnungen mit Menschen, die Sie überzeugen wollen, müssen Sie sich zuerst als Persönlichkeit selbst verkaufen, bevor man darauf eingeht, was Sie sagen. Das klingt hart und zunächst sogar etwas unglaubwürdig, ist aber richtig. Jemand, der sich schlecht verkauft, kann nicht überzeugen, auch wenn er die besten Argumente vorbringt.

Jemand, der bei seinem Publikum ankommt, kann auch mit einer schwächeren Argumentation überzeugen. Gerade weil die Argumentation vielleicht lückenhaft und nicht perfekt ist, gewinnt man an Sympathie. Jemandem, den man sympathisch findet, kann man schlecht widersprechen.

Eine Persönlichkeit, die man liebgewonnen hat, wird mehr Gewicht haben und bedeutend mehr Einfluß auf einen Menschen ausüben können als jemand, den man innerlich anzweifelt, ablehnt oder sogar verachtet.

Souveränität heißt Polarisierung.

Je stärker Sie in Ihrer Persönlichkeitswirkung sind, desto stärker polarisieren Sie. Sie werden keine »lauwarmen« Zuhörer mehr haben. Niemand kann unbewegt bleiben, wenn Sie sprechen.

Eine starke Persönlichkeit hinterläßt Spuren. Und diese Spuren sind nicht immer nur positiv. Eine eher schwache Persönlichkeit ist ausdruckslos. Sie hinterläßt nur dürftige Spuren, die man leicht verwischen kann. Wenn Sie 90 bis 95 Prozent Ihrer Zuhörer für sich gewinnen und überzeugen können, ist das optimal. Alle können Sie niemals für sich gewinnen. Es bleiben immer 5 bis 10 Prozent, die Sie stark ablehnen. Ein

Erfolgreiche Menschen sind immer ganz sie selbst. Sie wirken echt und überzeugend und hinterlassen einen nachhaltigen Eindruck.

Allen Menschen recht getan ist eine Kunst, die niemand kann.

Jeder Ratschlag ist ein Risiko; manchmal macht mich dies traurig.

Resultat, das ungleich besser ist als 100 Prozent »lauwarme« oder gleichgültige Zuhörer!

Idealisieren Sie sich nicht selber.

In der Kindheit und Jugend haben wir Ideale. Jeder hat seine Idealvorstellungen davon, wie er gerne sein möchte. Wir orientieren uns an Idolen. Dann kommt die Zeit, in der wir unsere eigene Identität entdecken. Und dann stellen wir fest, daß wir weit davon entfernt sind, so zu sein wie unser Idol. Die Enttäuschung ist vorprogrammiert.

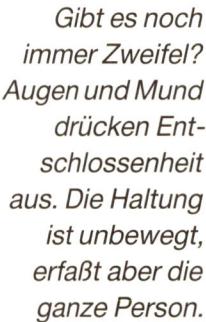

Wer seine Ich-Realität nicht akzeptiert, entfernt sich immer mehr von einem natürlichen und glaubwürdigen Verhalten. Er wirkt künstlich und unecht. Er lebt an seinem Leben vorbei.

Nehmen Sie sich selbst an, so wie Sie sind. Das ist nicht leicht und für viele sogar *das* Kernproblem. Viele streben ein Ich-Ideal an, das sie nie erreichen können. Sie tragen übertriebene Wunschvorstellungen an sich selbst heran und leben diesen Wunschvorstellungen nach. Entsprechend groß sind die Enttäuschungen, die sie laufend erleben. Nicht nur genügen sie selbst keineswegs ihren Wunschvorstellungen, auch die von ihnen erreichten Resultate liegen weit unter ihren Zielvorstellungen. So ist eine Dauerfrustration einprogrammiert. Es ist sofort zu erkennen, wer ein Ich-Ideal anstrebt (siehe Chart 1: Ich-Ideal/Ich-Realität). Solch ein Mensch verhält sich nicht natürlich. Man merkt sofort, daß er künstlich etwas anstrebt. Er ist nicht authentisch.

Gibt es noch immer Zweifel? Augen und Mund drücken Entschlossenheit aus. Die Haltung ist unbewegt, erfaßt aber die ganze Person.

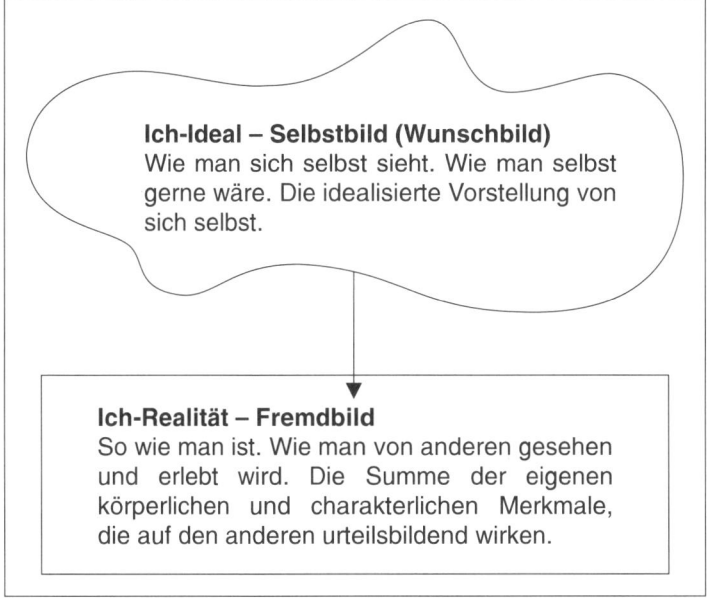

Ich-Ideal – Selbstbild (Wunschbild)
Wie man sich selbst sieht. Wie man selbst gerne wäre. Die idealisierte Vorstellung von sich selbst.

Ich-Realität – Fremdbild
So wie man ist. Wie man von anderen gesehen und erlebt wird. Die Summe der eigenen körperlichen und charakterlichen Merkmale, die auf den anderen urteilsbildend wirken.

Chart 1:
Ich-Ideal/
Ich-Realität

Um mit anderen Menschen optimal kommunizieren zu können, muß man mit sich selbst im reinen sein. Selbstannahme und Selbstbejahung sind die ersten Schritte zur Erhöhung der eigenen Kommunikationsfähigkeit.

Selbstannahme heißt Annahme der Ich-Realität.
Um mich selbst anzunehmen, muß ich von meinem Ich-Ideal wegkommen. Selbstbejahung heißt: Ich akzeptiere mich so, wie ich bin. Ich akzeptiere meine Stärken und meine Schwächen. Ich mag mich, weil es mich gibt.
Wenn Sie sich an eigenen Unvollkommenheiten stören, übertragen Sie das auf Ihre Zuhörer und Gesprächspartner. Es stört die anderen, was Sie stört. Was Sie selbst an sich nicht stört, stört auch die anderen nicht. Es ist ganz unglaublich, welche Probleme sich sehr viele Menschen selbst verursachen, die gar nicht sein müßten.
Ein Seminarteilnehmer, der einen leichten Sprachfehler hat, wurde von mir in einem Seminar bei einer Video-Analyse beurteilt. Ich mußte diesen Sprachfehler erwähnen, sonst wäre meine Analyse unseriös gewe-

sen. Ich fragte ihn: »Sie haben einen kleinen Sprachfehler, stört Sie das?« Er antwortete: »Nein, das stört mich nicht!« Daraufhin sagte ich: »Dann stört es uns auch nicht!« Da sagte er: »Ich weiß das. Ich weiß auch, daß ich klein bin und dick, und das stört mich auch nicht!« Wir mußten alle lachen. Er hat tatsächlich alle diese Unvollkommenheiten, ist aber sehr erfolgreich. Gerade deswegen, weil er sich nicht daran stört und weil deshalb diese Unvollkommenheiten von anderen als ganz normal, als Bestandteil seiner Persönlichkeit im Sinne eines Markenzeichens angenommen werden.

Oft ist es so, daß eigene Unvollkommenheiten von anderen eher als sympathisch empfunden werden. Ein fremdländischer Akzent etwa kann sehr positiv bewertet werden, vom Betreffenden aber wird er eher als Mangel empfunden. Ich erlebe bei meinen Seminarteilnehmern sehr oft diese Umkehrung: Was sie selbst negativ bewerten, kommt im Gegenteil sehr gut an. Umgekehrt aber auch: Wo sie glauben, stark zu sein, empfinden das andere als eher schwach.

Sagen Sie ja zu sich, so wie Sie sind.
Sagen Sie mit Martin Luther: »Hier stehe ich, ich kann nicht anders!«

So wie ich auf andere wirke, so bin ich.
Wissen Sie eigentlich, wie Sie auf andere Menschen wirken? Wie empfindet man Sie? Wie werden Sie von anderen beurteilt?

Um das zu erfahren, brauchen Sie Feedback. Dieses Feedback muß aber objektiv sein. Und hier beginnt das Problem. Je höher Sie in der Hierarchie einer Unternehmung stehen, je abhängiger andere Personen von Ihnen sind, desto weniger objektives Feedback können Sie von diesen Personen erwarten. Sie bekommen wenig Lob und wenig Tadel. Wer fühlt sich schon kompetent genug, Sie zu loben? Auch Neid hält ein berechtigtes Lob zurück. Und wer hat den Mut, Sie zu kritisieren? Das Feedback, das Sie bekommen, ist vermutlich immer tendenziell gefärbt.

Holen Sie sich Feedback von echten Freunden. Freundschaft zeichnet sich unter anderem durch eine gegenseitig erhöhte Kritikfähigkeit aus. Ein echter Freund wird nicht zurückhalten mit objektiven Rückmeldungen. Er wird Ihnen sagen, was ihm an Ihrem Verhalten auffällt. Denn er weiß genau, daß er Ihnen damit einen großen Dienst erweist. Nutzen Sie diese Chance. Treffen Sie mit ein paar echten Freunden eine persönliche Vereinbarung. Geben Sie sich gegenseitig Feedback. Je mehr Feedback Sie den anderen vermitteln, desto mehr erhalten Sie zurück. Achten Sie aber darauf, daß Sie Ihr Feedback immer in einer konstruktiven Weise formulieren. Es kommt auch auf die Verpackung an!

Wer Kinder hat oder mit Kindern zusammen ist, sollte die Gelegenheit unbedingt nutzen, ihr Feedback zu bekommen! Kinder sind unvoreingenommen. Sie sind offen, ehrlich und äußern sich unaufgefordert. Und oft sind sie sehr treffend in ihren Bemerkungen.

Besuchen Sie ein Rhetorikseminar. Am besten sind öffentliche Seminare, wo Sie mit Leuten zusammentreffen, die sich untereinander nicht kennen. Das ist eine sehr seltene Möglichkeit, zu objektivem Feedback zu kommen.

So wie mich andere empfinden und erleben, so wie ich auf andere wirke, so bin ich.

Sie müssen sich so akzeptieren, wie die anderen Sie sehen. Wie sollen Sie erwarten, von anderen akzeptiert zu werden, wenn Sie sich selbst nicht akzeptieren? Jemand, der seine eigene Ich-Realität nicht annimmt und dauernd versucht, sein Ich-Ideal anzustreben (siehe Chart 1), wirkt unnatürlich, verspannt und verkrampft und außerdem unglaubwürdig. Er betrügt sich selbst und damit auch alle anderen. Eine solche Persönlichkeit – die eigentlich gar keine echte Persönlichkeit ist – wird immer unecht wirken und kommt deshalb bei anderen Menschen nicht an.

Wie schätzen Sie sich denn selbst ein?

- Ist Ihnen Ihre Persönlichkeitsstruktur bekannt?

- Können Sie sich richtig einschätzen?

- Welche Eigenschaften glauben Sie zu haben?

Viele Menschen leiden an akuter Selbstüberschätzung.

Wenn man an Stammtischen zuhört, glaubt man sich von lauter Weltmeistern umgeben. Manche stellen ihre Erfolge laufend in den Vordergrund, und jedesmal, wenn sie wieder davon erzählen, übertreiben sie noch ein wenig mehr, so daß sich diese Erfolge zu glorreichen Heldentaten steigern.

Andere haben Minderwertigkeitsgefühle. Sie trauen sich nichts zu. Sie empfinden sich als unzulänglich und hadern mit Gott und dem Schicksal, nicht mit mehr Qualitäten ausgerüstet worden zu sein.

In beiden Fällen handelt es sich um Fehleinschätzungen der eigenen Person. Beides ist gefährlich. Eine realistische Einschätzung der eigenen Person ist die Voraussetzung für den Erfolg. Wie wirken Sie auf andere?

In Chart 2 (»Wie sieht meine Persönlichkeitsstruktur aus?«) sind persönliche Eigenschaften aufgezählt. Kopieren Sie diese Tabelle, und geben Sie sie einer Person, die Sie gut kennt. Sie soll diejenigen Eigenschaften markieren, die auf Sie zutreffen. Machen Sie auch eine Kopie für sich selbst, und streichen Sie selbst diejenigen Eigenschaften an, die Ihrer Meinung nach auf Sie zutreffen.

Vergleichen Sie anschließend die beiden Tabellen. Wenn es große Abweichungen gibt, ist das ein Zeichen dafür, daß Sie vielleicht nicht ganz ehrlich mit sich selbst sind. Oder aber Sie schätzen sich selbst falsch ein. Geben Sie diese Tabelle weiteren Personen zu ihrer Beurteilung. Es wird Sie höchstwahrscheinlich erstaunen, daß Sie von den meisten Leuten gleich oder zumindest sehr ähnlich eingeschätzt werden. Erst wenn Ihre eigene Einschätzung mit allen anderen übereinstimmt, haben Sie eine realistische Vorstellung von sich selbst und von Ihrer eigenen Wirkung auf andere.

Halten Sie Ihre Stärken im Griff!
Mit den Stärken und Schwächen ist es so eine Sache. Viele Menschen versuchen, ihre eigenen Schwächen zu erkennen. Sie gehen dann in sich, versuchen sich zu bessern und fassen gute Vorsätze. Wie lange halten diese Vorsätze an? Nicht lange. Ein solches Vorgehen bringt nichts.

Chart 2:
Wie sieht meine
Persönlich-
keitsstruktur
aus?

ETHOS 41

Ich wirke		
natürlich	offen	frei
zufrieden	entspannt	glücklich
fröhlich	heiter	locker
lustig	strahlend	keck
optimistisch	schelmisch	verschmitzt
schalkhaft		
höflich	freundlich	charmant
sympathisch	aufgeschlossen	einfühlend
sensibel		
bescheiden	brav	ausgeglichen
verhalten	zurückhaltend	nachdenklich
konzentriert	ernst	überlegt
kritisch	skeptisch	streng
ironisch	zynisch	konservativ
derb	bodenständig	
temperamentvoll	dynamisch	unruhig
nervös	angespannt	gestreßt
unsicher	fahrig	unkonzentriert
wortgewandt	schlagfertig	wendig
präzise	klar im Ausdruck	eindeutig
geradlinig	bestimmt	energisch
kraftvoll	stark	autoritär
selbstbewußt	selbstsicher	überheblich
arrogant	engagiert	stabil
entschlossen	zielbewußt	ambitiös
kompetent	souverän	vertrauenerweckend
pflichtbewußt	zuverlässig	verantwortungsvoll
gewissenhaft		
ruhig	sachlich	bedächtig
geduldig	behäbig	lahm
monoton	fad	

**Die größte
Stärke wird
zugleich zur
größten
Schwäche,
wenn sie außer
Kontrolle gerät.**

Machen Sie es umgekehrt. Versuchen Sie vor allem, Ihre eigenen Stärken zu erkennen. Und nun müssen Sie aber bedenken, daß diese Stärken im Zaum zu halten sind.

Ein gutes Beispiel dafür, daß jemand unglaubwürdig wird, wenn er sich zu sehr in etwas hineinsteigert, war Franz Josef Strauß. Er war zwar ein brillanter Redner, konnte sich aber bei seinen Auftritten derart in eine Wut hineinsteigern, daß die Zuhörer Angst vor ihm bekamen. Seine Begeisterungsfähigkeit war so groß, daß sie ihn oft fortgerissen hat, und dann wurde er grotesk und wirkte unglaubwürdig und manchmal fast lächerlich auf sein Publikum.

Es ist tatsächlich so, daß eine Stärke, wenn sie überbordet und ausartet, zu einer Schwäche wird. Paracelsus sagte: »Es gibt keine Gifte, es ist nur eine Frage der Dosierung.« Die Beispiele in Chart 3 zeigen, wie eine Stärke zur Schwäche wird, wenn die Dosierung zu hoch ist:

*Chart 3:
Wenn die
Stärke zur
Schwäche
wird*

Stärke	Schwäche
dynamisch	hektisch
geduldig	lahm
freundlich	süß
selbstbewußt	überheblich

Werden Sie selbstbewußt

Wenn Sie andere Menschen überzeugen wollen, müssen Sie selbstbewußt sein. Nur so können Sie die Aufmerksamkeit Ihrer Zuhörer(innen) und Gesprächspartner(innen) wecken und auf sich ziehen. Aber dieses Selbstbewußtsein muß genau definiert werden. Was ist Selbstbewußtsein?

Lassen Sie mich zunächst ausdrücken, was Selbstbewußtsein nicht sein darf: Es gibt Menschen, die glauben, selbstbewußt auftreten könne man nur, wenn man den anderen gegenüber völlig unsensibel ist, ohne Beachtung der eigenen Fehler und Schwächen. Diese Art des Selbstbewußtseins hat die Grenzen des Wachstums erreicht.

Selbstbewußtsein ist nicht Mangel an Sensibilität. Es ist auch nicht Egoismus oder übertriebene Autorität. Ich meine ein ganz anderes Selbstbewußtsein: Das Selbstbewußtsein des souveränen Menschen, der abgeklärt und in sich ruhend wirkt und eine natürliche Ausstrahlung hat.

Diese Form von Selbstbewußtsein wird auch von den Mitmenschen akzeptiert. Sie persönlich gewinnen an natürlicher Autorität und werden von anderen oft in eine Leader-Position gehoben, ohne daß Sie das bewußt anstreben. Man hört auf Sie, achtet Sie und hat die Tendenz, Ihnen entgegenzukommen.

Wirkliches Selbstbewußtsein schließt aber auch ein, daß Sie alle Ihre Ängste, Zweifel und Bedenken ebenfalls akzeptieren. Das gilt auch für das *Lampenfieber*. Selbstbewußte Redner haben Lampenfieber. Diese Aussage wirkt auf Sie vielleicht etwas befremdlich. Lampenfieber ist doch eine Schwäche! Das ist doch nicht selbstbewußt! Selbstbewußte Menschen sind

Selbstbewußtsein ist:

1. **sich seiner Stärken und Schwächen bewußt sein,**
2. **sich seines Einflusses auf andere bewußt sein,**
3. **sich seiner selbst und seiner Stellung in der Welt bewußt sein.**

Nicht Egoismus, sondern Autorität ist gefragt. Gerade auch von Ihnen.

starke Persönlichkeiten und haben doch kein Lampenfieber!

In diesem Punkt unterscheide ich mich von vielen meiner Kolleginnen und Kollegen. Einige machen sich sogar lustig über mich, wenn sie feststellen, daß mein Lampenfieber vor einem Auftritt sehr groß ist. Sie erklären mir, daß sie nach langjähriger Erfahrung bei öffentlichen Auftritten ihr Lampenfieber praktisch abgebaut haben. Sie verstehen aber auch nicht, warum sie keinen großen Erfolg bei ihren Referaten erzielen. Sie sehen nicht den Zusammenhang zwischen Lampenfieber und Erfolg. Sie empfinden Lampenfieber als unerwünschte Schwäche. So etwas bekämpft man, oder man verdrängt es. Und damit befindet sich der Redner oder die Rednerin bereits auf dem Abstieg. Warum?

Wer sein Lampenfieber verdrängt, programmiert seinen Mißerfolg gewissermaßen vor. Das läßt sich psychologisch genau begründen. Lampenfieber ist eine besondere Form von Angst. Um Ängste zu überwinden, muß man sie akzeptieren. Sie zu verdrängen ist sehr gefährlich. Sie sind dann momentan nicht mehr so offensichtlich, bestehen aber latent weiter. Man hat sie ins Unterbewußtsein (das Unbewußte) verdrängt. Und dort schwelen und lauern sie. Plötzlich steigen sie dann verstärkt wieder hoch, meistens im ungünstigsten Moment. Ich habe schon erlebt, daß ein Redner einige

Minuten nach Beginn seines Vortrages plötzlich zu stocken begann und sein Referat vorzeitig beenden mußte.

Wenn Sie selbstbewußt sind, dann sind Sie sich Ihrer selbst bewußt.
Und dann sind Sie sich auch immer bewußt, daß Sie eine leise Angst haben, bevor Sie eine Höchstleistung vollbringen müssen. Das Lampenfieber setzt sich aus folgenden Ängsten zusammen:

- Angst vor Fremden,

- Angst vor einer Gruppe (je größer die Gruppe, desto größer die Angst),

- Angst, beurteilt und eventuell abgelehnt zu werden (Angst vor Kritik),

- Angst, dem Nichts in der eigenen Person zu begegnen (Angst steckenzubleiben),

Die Angst vor dem Lampenfieber ist vorbei. Sie lächeln zum ersten Mal.

- Angst, mit der Situation nicht fertig zu werden,

- Angst, daß Minderwertigkeitskomplexe auch von anderen erkannt werden (Angst, sich zu blamieren),

- Angst vor dem Unbekannten (Streß).

Sie müssen keine Angst vor Lampenfieber haben. Lampenfieber ist die natürlichste Sache der Welt.

Lampenfieber löst übrigens einen biologischen Prozeß aus, der Sie zu Höchstleistungen befähigt. Es ist ähnlich wie bei Todesangst, in der ein Mensch schneller rennen und größere Sprünge machen kann als sonst. Die sofortige Ausschüttung des Hormons Adrenalin in die Blutbahn – aufgrund dieser Ängste – wirkt wie eine Droge. Aber im Gegensatz zu echten Drogen ist sie völlig harmlos. Erkennen Sie jetzt, daß das Lampenfieber zu akzeptieren ein Zeichen von Selbstbewußtsein ist? Schlecht ist es natürlich, wenn das Lampenfieber allzu stark wird; dann kann es auch lähmend wirken. Wie bei allen anderen Anstrengungen gilt es, vorbereitende Maßnahmen zu treffen. So können Sie Ihr Lampenfieber richtig dosieren:

- Bereiten Sie sich mit Zeit und Ruhe auf einen Vortrag (auf ein Gespräch oder eine Verhandlung) vor.

- Setzen Sie sich innerlich mit den Zuhörerinnen und Zuhörern (Gesprächspartnerinnen und Gesprächspartnern) auseinander.

Auf diese Vorbereitung gehe ich im letzten Kapitel ausführlich ein.

Jeder Schauspieler kann bestätigen, wie es sich mit dem Lampenfieber verhält: Je stärker das Lampenfieber vorher war, desto wohler fühlt man sich, sobald man begonnen hat. Nach den ersten paar Worten ist das Lampenfieber wie weggeblasen und kommt nicht wieder.

Lampenfieber ist eine Form von Engagement (Commitment). Es ist das Beste, was Ihnen passieren kann.

Wie nimmt übrigens das jeweilige Publikum die Rednerinnen und Redner auf, die am Anfang Lampenfieber ausstrahlen? Empfindet es dies als negativ? Entgegen der bisherigen Ansicht vieler, die Vorträge halten müssen, wird Lampenfieber nicht als Schwäche empfunden. Im Gegenteil, es geschieht etwas ganz anderes. Der Redner, der zu Beginn seines Vortrages Lampenfieber ausstrahlt, appelliert unbewußt an die Hilfsbereitschaft seiner Zuhörerinnen und Zuhörer. Ein psychologischer Prozeß kommt in Gang, immer der gleiche: Die vom Lampenfieber geplagte Person wird getragen vom Wohlwollen ihrer Zuhörerinnen und Zuhörer, bevor sie überhaupt mit ihrer Rede angefangen hat. Sie erhält viel Kraft vom Auditorium. Diese Kraft sorgt dafür, daß das Lampenfieber sehr rasch abgebaut wird.

Angstüberwindung ergibt Commitment

Ich werde den Begriff »Commitment« noch erläutern. Vorher möchte ich die Angstüberwindung behandeln.

Wir wissen noch nicht viel über Ausstrahlung und Gefühlsübertragung. Es ist noch nicht bekannt, auf welche Weise sich gewisse Kräfte von Mensch zu Mensch übertragen. Daß dies aber geschieht, ist längst wissenschaftlich anerkannt.

Die Amerikaner nennen diese Übertragung: »Vibrations«. Es müssen jeweils Schwingungen sein, die Sie mit einer bestimmten Einstellung oder Geisteshaltung, gewissen bildhaften Vorstellungen und Gedanken auslösen. Was in Ihnen ist, das strahlen Sie aus, und das überträgt sich auf andere.

Diese Form der Einflußnahme ist für mich wichtiger als alle anderen Möglichkeiten. Ich nenne sie die **nonverbale Einflußnahme.**

- Wie kommen Sie zu einer positiven nonverbalen Einflußnahme?

- Wie können Sie Ihre Ausstrahlung verstärken?

- Wie können Sie andere Menschen unmerklich positiv beeinflussen?

Sie müssen innere Arbeit an sich selbst leisten. Das bedingt eine ausführliche Auseinandersetzung mit sich selbst, mit der bevorstehenden Aufgabe, mit den Menschen, die damit betroffen sind.

Je intensiver Sie sich mit allem vorher innerlich auseinandersetzen, desto freier fühlen Sie sich, wenn Sie mit

Die Menschen spüren es, wenn die Frage ernst ist. Kopf und Hände signalisieren Vorsicht.

Ihrem Auftritt beginnen. Was immer es sei, ein Vortrag, ein Gespräch, eine Verhandlung, ein Meeting usw.
Sie fühlen sich innerlich stark, weil Sie sich gut vorbereitet haben. Das ermöglicht Ihnen, sich ganz auf die Menschen zu konzentrieren, mit denen Sie es zu tun haben.
Sie haben bereits eine große Arbeit geleistet, bevor Sie an diese Menschen herantreten. Das spüren diese Menschen. Sie haben sich mit allem auseinandergesetzt, was Ihr Anliegen und was diese Menschen anbetrifft.

Sie haben sich auch mit Ihren eigenen Ängsten auseinandergesetzt.
Alles, was wir leisten müssen, löst vorher in uns gewisse leise Ängste aus. Ich erinnere mich, als ich noch Automobil-Rennsport betrieb: Vor jedem Start hatte ich eine unwahrscheinliche Angst. Sobald sich das Feld in Bewegung gesetzt hatte, war die Angst wie weggeblasen, und ich fühlte mich ganz ruhig und stark.
Fragen Sie sich: »Wovor habe ich am meisten Angst, was ist das Worst-case-Szenario, das Schlimmste, was passieren könnte?« So überwinden Sie ihre Ängste *vorher*, und Sie werden sehen, die Ängste kommen nie mehr zurück. Und jedesmal bedeutet es eine Weiterentwicklung für Sie. Entwicklung bedeutet ja auch Grenzüberschreitung, sich hineinzuleben in Unvertrautes, Unge-

Die eigenen Ängste anzunehmen und zu meistern bedeutet einen deutlichen Entwicklungsschritt in der Entfaltung der eigenen Persönlichkeit.

Somit wird Angstbewältigung Ausdruck einer dynamischen Lebensführung.

wohntes und Unbekanntes. Wer aber seinen Ängsten ausweicht, vor der Auseinandersetzung mit ihnen flieht, kann sich psychisch nicht weiterentwickeln. Er bleibt eingewickelt.

Eingewickelt kann man nicht wachsen.

Mut und Angst liegen übrigens nahe beieinander. Der Mutige akzeptiert seine Angst, der Feige verdrängt sie. Ich habe Mut, ich habe Angst, ich habe Mut, Angst zu haben.

Diese Auseinandersetzung mit sich selbst ergibt Ihr Commitment. Was ist Commitment? Diesen in den USA schon längst vertrauten Begriff kann man nicht übersetzen. Man muß ihn umschreiben.

Commitment ist:

- Selbstverpflichtung,

- Selbstverantwortung,

- Engagement und Hingabe,

- Kreativität,

- Autonomie,

- Selbstverwirklichung,

- Energie und Konzentration,

- Entschiedenheit,

- Freude.

Man spürt sofort, ob eine Person »committed« ist. Man hat den Eindruck, diese Person

- meint es ernst,

- glaubt an das, was sie sagt,

- weiß, was sie will,

- ist sehr engagiert,

- ist begeistert.

Commitment ist etwas, das sich auf andere Menschen sehr stark positiv überträgt und eine einzigartige Stimmung hervorruft. Es ist eine sonderbare Stimmung, die fast unbeschreiblich ist. Es scheint so, als wäre der momentane Augenblick der wichtigste. Als wäre das Hier und Jetzt absolut dominant und alles andere unwichtig. Die Vergangenheit und alles, was geschehen ist, rückt in die Ferne. Die Zukunft und alles, was passieren kann, ist weit *weg*.

Ihr erzieltes Commitment durch diese innere Vorarbeit und Auseinandersetzung mit allen Ängsten macht Sie ruhig und stark. Es ist so, als hätten Sie Ihre innere Batterie aufgeladen.

Man spürt, wie Sie mit Haut und Haaren engagiert sind. Ihr Commitment ist absolut und für alle erkennbar.

Allein damit schaffen Sie die ideale Voraussetzung für Ihre erfolgreiche Überzeugungsarbeit.

Das Gegenteil ist auch sehr bald erkennbar: Wenn jemand unkonzentriert, fahrig und zerstreut ist, wirkt er unsicher und unzuverlässig. Seine Glaubwürdigkeit gerät schnell ins Wanken.

Wenn sie committed sind, wirken Sie sich selbst und anderen gegenüber ehrlich.

Commitment ist Konzentration der Energie im momentanen Erleben.

Reden Sie nicht –
lassen Sie »es reden«

Immer vorausgesetzt, Sie haben sich mit dem Inhalt des Stoffes, den Sie vortragen oder vorbringen wollen, in der intensiven Weise auseinandergesetzt, wie ich es vorher empfohlen habe, sind Sie innerlich voll von dem, was Sie sagen wollen.

Ich werde gleich noch erörtern, wie Sie auf Ihre Gesprächspartnerinnen und Gesprächspartner, Ihre Zuhörerinnen und Zuhörer zugehen, bevor Sie Ihren Beitrag eröffnen.

Mir liegt jedoch viel daran, Sie jetzt schon darauf hinzuweisen, daß ein Trommelfeuer von gescheiten Argumenten – gleich zu Beginn Ihres Auftrittes – völlig daneben wäre. Sie werden zuerst die Menschen auf eine Weise öffnen, die eher ungewöhnlich und deshalb auch entsprechend erfolgreich ist.

Lesen Sie den Text nicht ab, sondern schauen Sie Ihren Zuhörern in die Augen.

Aber wenn Sie dann zu reden oder zu argumentieren beginnen, ist es äußerst wichtig, zu wissen, wie das geschehen soll.

Besonders bei Reden und Vorträgen ist es gefährlich, einen vorbereiteten Text einfach abzulesen. Ausnahmen sind einige besonders wichtige Kernaussagen, die Sie aber ohnehin gleichzeitig auf Folien präsentieren werden. Offizielle Statements, die für Medien bestimmt sind, müssen natürlich Wort für Wort vorgelesen und schriftlich abgegeben werden. Da darf kein falsches Wort vorkommen.

Ihre wesentliche Argumentation sollen Sie jedoch frei vortragen. Sobald Sie nämlich ablesen, verflachen Sie Ihre Wirkung auf Null. Die Leute hören Ihnen nach kurzer Zeit gar nicht mehr zu, wenn sie merken, daß Sie ja alles schriftlich vorbereitet haben.

Wer ißt denn schon gerne Vorgekautes? Wenn Sie ablesen, empfinden die Leute alles als sehr unpersönlich, allgemein und uninteressant.

Reden Sie hingegen frei und frisch von der Leber weg, sind die Leute gespannt, weil sie in Ihren »Fabrikationsprozeß« integriert werden. Man hat das Gefühl, daß Sie alles spezifisch für die Zuhörerinnen und Zuhörer entwickeln. Ihr Vortrag wird als »Happening« empfunden. Man ist dabei. Alles kann passieren, auch Unerwartetes, Überraschendes, Spannendes.

Rhetorische Fehlleistungen – etwa ein Versprecher oder ein falsches Wort – sind für die Leute der Beweis, daß Sie es *jetzt fabrizieren*. Solche Fehlleistungen sind also – wenn sie nicht in jedem Satz vorkommen – keineswegs ein Nachteil, sondern ein Vorteil: Sie bilden eine emotionale Kontaktbrücke, sie machen Sie menschlich und sympathisch. Es ergibt sich eine emotionale Annäherung.

Sie müssen unbedingt *frei reden und vortragen.* Wie erwähnt gehe ich davon aus, daß Sie den Stoff beherrschen, daß Sie alles sehr gut vorbereitet haben, daß Sie sich innerlich sehr intensiv mit allem auseinandergesetzt haben.

Streben Sie niemals rhetorisch-dialektische Perfektion an. Dies erzeugt Barrieren zwischen Ihnen und den

Konzentrieren Sie sich auf den Inhalt bei der Vorbereitung Ihrer Argumentation und Ihres Vortrages. Beim Vortragen selbst vergessen Sie quasi den Inhalt und konzentrieren sich ganz auf Ihre Zuhörerinnen und Zuhörer.

anderen. Perfektion in allen Ehren, aber hier ist sie vollkommen fehl am Platz.

Das perfekte Vortragen wirkt nicht ehrlich. Ehrlich bemüht zu sein wird immer assoziiert mit menschlicher Unvollkommenheit. Nobody is perfect!

Je mehr Aufwand Sie für die Vorbereitung des Inhalts betreiben, desto freier sind Sie beim Vortragen. Sie können dann in Ihrem Stoff frei schwimmen wie ein Fisch im Wasser.

Je freier Sie beim Vortragen sind, desto eher sind Sie in Kontakt mit dem Gemeinsamen, dem Verbindenden, dem Universellen. Sie erscheinen den Zuhörerinnen und Zuhörern ehrlich suchend und ehrlich antwortend.

Konzentrieren Sie sich ganz auf die Leute, die Ihnen zuhören, und lassen Sie es einfach reden. Es redet dann schon!

Wenn Sie frei reden, redet es »von innen heraus«. Es ist, als würde jemand anders reden. Ach, das sind ja Sie!

Haben Sie auch schon das Gefühl gehabt, daß zwei Meter von Ihnen entfernt jemand redet, haben dann aber realisiert: »Das bin ja ich!«? Wenn Sie dieses Gefühl haben, ist alles gut! Dann sind Sie soweit, daß Sie nicht mehr alles bewußt aus dem Kopf heraus sagen.

Rationale Argumente allein kann man nämlich nicht für längere Zeit ertragen. Das wirkt zu zwingend, zu rational, zu kühl und ablehnend.

Ihre innere Stimme spricht »aus dem Bauch heraus«. So sind Sie in Kontakt mit dem Gemeinsamen, dem Verbindenden, dem Universellen. Sie sind nahe an der universellen Wahrheit.

Erinnern Sie sich: Sokrates wurde von den alten Griechen zum Tode verurteilt, weil er rhetorisch und dialektisch allen überlegen war. Er wußte auf alles eine bessere Antwort. Er hatte immer recht. Das konnte man nicht aushalten. Er erschien immer mehr als gemeingefährlich, und schließlich wollte man ihn endgültig loswerden.

Über diese Aussage müssen Sie etwas nachdenken. Vielleicht brauchen Sie etwas Zeit, um so weit zu kommen, daß Sie feststellen, wie Sie auf diese Weise viel mehr Erfolg haben. Denn es ist nicht mehr Ihr alleiniges Anliegen, das Sie jeweils vortragen. Alle Anwesenden haben das Gefühl, es sei gleichzeitig ihr eigenes Anliegen. Alle haben den Eindruck, mit einbezogen zu werden in die gemeinsame Suche nach der idealen Lösung, nach dem idealen Kompromiß. Es gibt nicht mehr nur »gut und schlecht«, »schwarz und weiß«, »richtig und falsch«.

Dann kommt es auch nicht mehr so sehr darauf an, *was Sie sagen*. Das muß ohnehin stimmen. Viel wichtiger ist, daß die anderen verstehen, *was Sie meinen*. Und das ist in den Augen der anderen meistens richtig.

Die ersten Sekunden entscheiden

Der erste Eindruck im Moment der Begegnung ist außerordentlich wichtig. Da werden die Weichen gestellt für den Verlauf des anschließenden Gesprächs oder der Verhandlung.

In zwei bis drei Sekunden entscheidet sich schon, ob das anschließende Gespräch schwierig verläuft oder Chancen auf eine positive Entwicklung haben wird. In den ersten Sekunden einer Begegnung macht man sich nicht nur ein Bild von seinem Gegenüber, sondern es laufen noch andere, ganz gewaltige Dinge ab, deren die meisten sich nicht bewußt sind.

In diesen ersten Sekunden geschieht etwas, das man nie mehr vergißt. Begegnet man einem Menschen das erste Mal, ist dieses emotionale Erlebnis ohnehin unvergeßlich. Zumindest im Unterbewußtsein bleibt der Moment der ersten Begegnung unauslöschlich gespeichert und beeinflußt die Beziehung und alle darauffolgenden Gespräche ganz stark. Sie müssen diesem ersten Augenblick, wenn Sie auf einen Menschen zugehen, mehr Beachtung schenken.

Während Sie auf jemanden zugehen und diese Person begrüßen, lösen Sie etwas ganz Gewaltiges aus, das sich laufend verstärkt. Das kann negativ oder positiv sein.

Sie haben sicherlich auch schon erlebt, daß Sie jemand bei der Begrüßung gar nicht angeschaut hat, Ihnen nur kurz die Hand gedrückt und einen eher abweisenden Gesichtsausdruck hatte. Wie haben Sie sich da gefühlt? Ist das nicht etwas ganz Schlimmes, so ein Erlebnis? Fühlt man sich da nicht abgestoßen, abgelehnt, unbeliebt, unsicher und unwohl?

Vielleicht ist es Ihnen aufgefallen, daß Sie im Verlauf des anschließenden Gesprächs – wenn die Begegnung so negativ war – ständig nach weiteren Eindrücken gesucht haben, die von dieser Person ausgingen. Alles, was diese Person zu Ihnen sagte, haben Sie vorerst einmal sehr kritisch und eher negativ aufgenommen. Es ist Ihnen schwergefallen, sich ihr gegenüber offen und freundlich zu verhalten. Die Atmosphäre war kühl bis frostig und abweisend. Auch wenn die Person an sich überzeugende Argumente vorbrachte, kamen diese bei Ihnen nicht an. Etwas ganz tief in Ihrem Inneren hatte sich gegenüber diesem Menschen verschlossen, und es war Ihnen, als hätten Sie einen Kloß im Hals. Sie lehnten innerlich diesen Menschen ganz ab.

Warum kann so etwas geschehen?
Wenn jemand in sich selbst starke negative Gefühle produziert – aus welchen Gründen auch immer –, strahlt er diese aus und überträgt sie auf die Menschen, die in seiner Nähe sind. Er stößt unbewußt die Menschen ab, sie fühlen sich schlecht und möchten eigentlich lieber weggehen.

Was du denkst, das bist du.

In einem bekannten Modegeschäft gingen meine Frau und ich jahrelang einkaufen. Allerdings haben wir uns von der Besitzerin selbst nie gerne bedienen lassen. Sie hatte immer – gleich nach der Begrüßung – quasi Besitz von uns ergriffen und uns gedrängt, dieses und jenes und noch etwas und dann noch etwas anzuprobieren. Wir fühlten uns unfrei und spürten immer, daß sie uns gerne möglichst viel verkaufen wollte. Wir spürten auch ihre Enttäuschung, wenn wir nichts kauften. Das wurde für uns immer extremer, so, daß wir schließlich nicht mehr hingehen wollten. Wie ich erfahren habe, geht dieses Geschäft nicht mehr sehr gut.

Ein anderes Geschäft mit durchaus vergleichbaren Artikeln hat trotz der allgemein schwierigen wirtschaftlichen Lage auf dem Textilsektor jährlich zweistellige Zuwachsraten. Wenn Sie dieses Geschäft betreten, wissen Sie auch sofort, warum man dort so erfolgreich ist. Sie werden mit einer ausgesprochen herzlichen Freundlichkeit empfangen, als wären Sie langjährige Freunde. Sie halten sich gerne in diesem Laden auf und haben keineswegs ein schlechtes Gewissen, wenn Sie wieder weggehen, ohne etwas gekauft zu haben. Und Sie gehen immer wieder hin, und schließlich kaufen Sie doch. Das Personal dieses Unternehmens wird

Denken Sie vorerst gar nichts, wenn Sie auf einen Menschen zugehen.

intensiv geschult, und zwar nicht, um hauptsächlich Ware anzupreisen, sondern um sich jeder Person, gleich wenn sie den Laden betritt, freundlich zuzuwenden.

Alles, was Sie jetzt denken könnten, würde Sie von dieser Person ablenken. Sie müssen Ihre ganzen Kräfte auf eine Person lenken, wenn Sie diese begrüßen. Nehmen Sie sich ganz heraus aus allen Gedanken, mit denen Sie sich eben beschäftigt haben. Bringen Sie sich ganz in den Augenblick ein. Stellen Sie alle Gedanken ein paar Sekunden lang ab.

Jetzt wenden Sie sich voll und ganz diesem Menschen zu. Geben Sie ihm Ihre ganze Zuwendung, und schauen Sie ihm voll ins Gesicht. Es ist, als würden Sie damit eine geballte Ladung positiver Kräfte auf Ihr Gegenüber lenken. Sie werden auch sofort feststellen, wie diese Person positiv zurückreagiert. Der innere Kontakt ist hergestellt. Gegenseitiges Interesse entsteht. Wer ist das, der sich so stark für mich interessiert? Wer ist das, der mir soviel Zuwendung gibt? Warum ist diese Person so positiv eingestellt, mir gegenüber?

Konzentrieren Sie Ihre Kräfte bis in die Fingerspitzen, auch wenn die Botschaft schmerzlich ist. Die Hingabe des Redners zählt.

Der innere Kontakt ist hergestellt; lassen Sie sich Zeit.

So begrüßen Sie alle Personen, mit denen Sie es zu tun haben, eine nach der anderen. Lassen Sie sich genügend Zeit, verweilen Sie einige Sekunden bei einer Person, bevor Sie zur nächsten gehen. Sie werden feststellen, daß alle gerne warten, bis »sie an der Reihe sind«.

Auf diese Weise stellen Sie die Weiche auf positiv. Sie haben bereits eine angenehme Atmosphäre geschaffen, bevor das Gespräch überhaupt begonnen hat.

In Chart 4 ist dieses Vorgehen zusammengefaßt.

Warum ist dieses Vorgehen so erfolgreich? Es gibt mannigfaltige Gründe dafür.

Ein wichtiger Grund ist die allgemein fehlende Zuwendung. Sie können davon ausgehen, daß die meisten Menschen ein Zuwendungsdefizit haben. Alles wird automatisiert und damit unpersönlicher. Man hastet aneinander vorbei, man ist im Dauerstreß und hat für niemanden Zeit. Man bewegt sich in den Gesprächen – falls es überhaupt zu Gesprächen kommt – vorwiegend an der Oberfläche. Das Manko an Zuwendung ist eine Art Zivilisationskrankheit. Jeder ist vorwiegend mit sich selbst beschäftigt.

Zuwendung ist jedoch eines der existentiellen Bedürfnisse des Menschen. Ohne Zuwendung kann ein neugeborenes Baby nicht leben. Es wird krank und stirbt innerhalb von drei Monaten. Später wird fehlende

1. Stellen Sie alle Ihre Gedanken für ein paar Sekunden lang ab. Nehmen Sie sich ganz in den Augenblick hinein.

2. Geben Sie der Person (jeweils immer nur **einer**) Ihre ganze, volle Zuwendung.

3. Interessieren Sie sich für diese Person als Mensch. (Wer bist du, wie fühlst du dich?)

4. Schauen Sie der Person ins Gesicht, halten Sie lockeren Augenkontakt.

5. Zeigen Sie der Person Ihr freundliches Gesicht.

Chart 4:
Wie Sie auf
Menschen
zugehen

Zuwendung nicht mehr zum Tod, aber zu bleibenden psychischen Schäden führen.

Manche holen sich die fehlende Zuwendung mit Gewalt. Das sind zum Beispiel die Vielredner. Sie reden und reden, ohne ein Ende zu finden. Das tun sie, damit man gezwungen ist, ihnen zuzuhören, sich ihnen zuzuwenden. Natürlich ist das nur scheinbare Zuwendung, aber immerhin besser als gar keine.

Eine rein sachliche Haltung ist zwar nicht direkt verletzend, aber sehr unangenehm. Fehlende Zuwendung ist bereits eine Strafe. Man bestraft den anderen durch Ignoranz.

Wenn Sie konsequent in allen Ihren Begegnungen Ihren Mitmenschen jeweils Ihre volle Zuwendung geben, werden Sie schon bald von den meisten Menschen als sehr sympathisch empfunden. Man kann einfach nicht anders, als Sie zu mögen.

Fehlende Zuwendung hingegen kann große Schwierigkeiten bereiten. Man ist Ihnen gegenüber von vornherein kritisch, skeptisch oder sogar mißtrauisch eingestellt.

Wie Sie Ihre Ausstrahlung verstärken

Ein freundliches Gesicht ist vielleicht das Anziehendste, was es gibt. Gemeint ist aber nicht die angelernte Freundlichkeit, die nichts aussagt. Ich meine diese herzliche Freundlichkeit, die ganz von innen kommt.
Meine Frau und ich gehen oft in ein chinesisches Restaurant. Wenn wir ehrlich sind, ist es nicht nur wegen des guten Essens, sondern weil wir jedesmal, wenn wir dort eintreffen, begrüßt werden wie alte Freunde. Wir spüren, wie sich die Leute echt freuen, daß wir kommen. ˙
In gewissen Nobelrestaurants wird man von einem Kellner empfangen, der einen kritisch und mißtrauisch von oben bis unten mustert und dann mit harter Stimme fragt: »Haben Sie reserviert?« Solche Lokale meiden wir.
Die schweizerische Gastwirtschaft hat jährlich zurückgehende Umsatzzahlen. Wenn Sie mich fragen, warum das so ist, dann stimme ich einem deutschen Freund zu, der mir kürzlich sagte: »Die Schweizer Gastwirte haben es verlernt, freundlich zu sein. Man fühlt sich als Gast unwillkommen. «
Was ist herzliche Freundlichkeit? Was ist Ausstrahlung? Wie können Sie beides erwerben und verstärken?
Sie werden unbedingt Ihr eigenes Selbstmotivationsprogramm erstellen müssen. Ohne eine tägliche Motivation können Sie niemals in eine Topform gelangen. Es ist vergleichbar mit körperlicher Fitneß, auch diese erreicht man nur mit einem regelmäßigen Training.
Gerade weil die Negativeinflüsse in letzter Zeit enorm zugenommen haben, müssen Sie etwas tun, um Ihre inneren Kräfte zu erhalten und zu stärken.
Sie müssen herausfinden, was Ihnen guttut. Und das

*Seien Sie
kritisch, aber
bleiben Sie offen
und herzlich...*

müssen Sie regelmäßig betreiben. Vielleicht lieben Sie
Sport, Spaziergänge in der freien Natur, Musik, Lesen
oder andere Freizeitbeschäftigungen. Es gibt sicherlich
Möglichkeiten für Sie, Ihre Seele etwas baumeln zu lassen, aufzutanken, sich zu erholen und zu regenerieren.
Das wird helfen, die innere Kraft und Zuversicht zu finden, die vorhanden sein muß, um eine positive Ausstrahlung zu erhalten.
Hinzukommen müssen jedoch nach meiner Ansicht ganz
bestimmte Überlegungen, die auf täglicher Basis ange-
stellt werden sollten. Es sind die Fragen nach dem
Sinn:

- Was macht dieses tägliche Tun, das mir abverlangt
  wird, für einen tieferen Sinn?

- Kann ich die Ziele, die man mir vorgibt, harmonisch
  einbauen in mein persönliches und privates Zielge-
  bäude, wo auch meine Lebensziele enthalten sind?

- Was sind denn überhaupt meine Lebensziele?

Routine ist tödlich. Sie ist demoralisierend. Man ist in seinem Trott, arbeitet einfach vor sich hin und macht alles
so, wie man es immer gemacht hat. Man macht es eben.
Routine läßt die tägliche Arbeit sinnlos werden. Das ist

eines der größten Übel, an dem unsere Wirtschaft gegenwärtig krankt. Viele Mitarbeiterinnen und Mitarbeiter machen Dienst nach Vorschrift. Man spricht von innerer Kündigung. Wenn man seine Arbeit als sinnlos empfindet, wird sie qualvoll.

Was für einen Sinn sehen Sie in Ihrer Tätigkeit? Was bedeutet Ihnen dieser Arbeitstag? Welchen Sinn macht er? Welche Aufgaben und Ziele faszinieren Sie ganz besonders? Welche weniger? Warum weniger?

An jeder Tätigkeit sind Menschen beteiligt. Sie als Leserin oder Leser dieses Buches haben täglich mit Menschen zu tun. Wie empfinden Sie diese Kontakte und Begegnungen? Sind sie angenehm, motivierend und erfreulich, oder sind sie lästig, unangenehm und frustrierend?

Wissen Sie, daß beides allein von Ihnen abhängt?

Sie entscheiden, wie andere Menschen Ihnen begegnen, welchen Einfluß sie auf Sie ausüben, was sie Ihnen bedeuten. Sie selbst können alles verändern. Entweder man begegnet Ihnen gereizt und unfreundlich, oder man ist jedesmal erfreut. Gewiß gibt es Ausnahmesituationen, in denen keine Zeit und Gelegenheit zu besonderer Herzlichkeit und Freundlichkeit gegeben ist.

Aber im Regelfall wirken sich die täglichen Begegnungen mit den Mitmenschen ganz entscheidend positiv auf die eigene Motivation aus. Sie müssen nur Ihren eigenen Persönlichkeitsentwicklungsprozeß beschleunigen. Was ist eigentlich das Ziel unserer Persönlichkeitsentwicklung?

Ich sehe es so, daß wir im Grunde genommen auf andere Menschen angewiesen sind, ja sogar von ihnen abhängen. Unser ganzes Lebensglück ist abhängig von anderen Menschen. Wir können nicht allein glücklich sein. Dieses Glück können wir selbst bestimmen oder zumindest sehr stark positiv beeinflussen. Wir müssen uns nur klar sein über das Ziel, wohin wir gehen, in welche Richtung wir uns entwickeln wollen.

Dieses Ziel zu haben bringt Ihnen die Erfüllung und die Motivation, die wiederum Ihre Ausstrahlung verstärkt. Dieses Ziel verhindert auch Routine. Dieses Ziel macht jede Begegnung mit einem Mitmenschen zu einem Hap-

Das Ziel der Persönlichkeitsentwicklung ist: Daß ich auf irgendeinen Menschen zugehen kann. Egal, wer er ist und was immer er getan hat, ich möchte diesem Menschen ohne Vorbehalte und ohne Vorurteile meine Zuwendung, mein Wohlwollen und meine Wertschätzung entgegenbringen können.

Erfolg ist:
1. **sichtbarer Erfolg nach außen,**
2. **mit sich und den Mitmenschen im reinen sein.**

Je mehr Menschen an mich glauben, desto stärker wird mein Glaube an mich selbst. Der Glaube an mich selbst ist die Energie, die meine Ausstrahlung bestimmt.

pening, zu einem kleinen Freudenfest, auch wenn es nur ein paar Sekunden dauert.

Dieses Ziel relativiert auch alles andere, was sonst von uns verlangt wird. Selbstverständlich können wir nicht den materiellen Zielen ausweichen, die uns abverlangt werden. Aber dieses Ziel relativiert auch den Erfolg selbst. Was ist Erfolg?

Die Fähigkeit, möglichst viele Menschen für sich zu gewinnen, wird ständig zunehmen, je länger Sie es versuchen.

Damit wächst die Zahl der Menschen, die Sie mögen. Je mehr Menschen Ihnen wohlgesinnt sind, Sie akzeptieren und annehmen, desto stärker fühlen Sie sich. Je größer Ihr »Fanclub« ist, desto mehr fühlen Sie sich getragen von einer Vielzahl von Menschen. Damit wächst der Glaube an sich selbst.

Energie kommt von Glauben. Der Glaube an sich selbst ist etwas, was Ihnen niemand nehmen kann. Auch wenn alles schiefläuft, auch wenn alle versagen, Sie selbst bleiben unerschütterlich in Ihrem Glauben an sich selbst.

Wie viele Probleme haben Sie nicht schon in den Griff bekommen? Wie oft haben Sie in scheinbar ausweglosen Situationen eine Lösung gefunden? Haben Sie nicht bisher eigentlich immer alles geschafft?

. . . manchmal auch so.

Sie sollen sich keineswegs in einen künstlichen Freudentaumel hineinsteigern und falschen Optimismus pflegen.

Allzu optimistische Menschen haben die Tendenz, die Wirklichkeit falsch einzuschätzen und mögliche Probleme nicht zu sehen.

Sie sollen ganz einfach an sich selbst glauben. Und Sie sollen sich auch von Problemen und Schwierigkeiten nicht allzusehr beeinflussen lassen. Sonst strahlen Sie all diese Probleme aus und übertragen sie auf andere. Außerdem könnte vieles, was Sie befürchten, auch tatsächlich eintreten.

Sie kennen Ihre Fähigkeiten. Sie wissen, daß es letztlich immer wieder auf Sie selbst ankommt. Sie sind davon überzeugt, daß Sie auch schaffen werden, was von Ihnen verlangt wird.

Sie haben allen Grund, an sich selbst zu glauben. Sie haben es bis jetzt ja auch geschafft. Warum sollten Sie es in Zukunft nicht auch schaffen?

Wenn Sie so an sich glauben, wirken Sie auf andere derart positiv, daß diese auch an Sie glauben. Und damit haben Sie schon den ersten Schritt getan: Sie haben Vertrauen geschaffen, noch bevor Sie überhaupt ein einziges Wort gesprochen haben. Sie schaffen das allein mit Ihrer Ausstrahlung.

Denken Sie daran: Ihre emotionale Intelligenz ist mindestens so wichtig wie Ihre analytische und fachliche Intelligenz. Achten Sie mehr auf Ihr Herz und auf die Herzen anderer Menschen. Ihre Ausstrahlung, Ihr Sympathiewert und Ihr Charisma bewegen mehr als alles andere. All das ist rein emotional.

Gehen Sie zuerst total auf Empfang

PATHOS

Jetzt geht es um **Pathos**. Dieses Wort hat mehrere Bedeutungen. Wörtlich übersetzt heißt Pathos Leiden, Leidenschaft. Die allgemeine Bedeutung lautet jedoch: etwas in leidenschaftlichem, gesteigertem Ton vortragen (»pathetisch«). Das ist eher negativ besetzt. Im Zusammenhang mit Ethos und Logos hat Pathos jedoch eine andere Bedeutung, nämlich: *Empathie, feinfühliges Erkennen*.

In der Überzeugungsarbeit steht Pathos nach dem Ethos an zweiter Stelle. Also, noch ist es nicht das eigentliche Argumentieren, sondern vorgeschaltet wird das Bemühen, den anderen oder die anderen zu verstehen.

In unsere Sprache übersetzt und auf unsere Bedürfnisse im Zusammenhang mit »ehrlich überzeugen« übertragen bedeutet das: **Versuche, andere zu verstehen, bevor du argumentierst mit dem Ziel, von ihnen verstanden zu werden.**

In den USA heißt es: »Seek to unterstand before you seek to be unterstood.«

Wer verstehen will, muß anderen zuhören. Gegenseitiger Respekt ist wichtig.

In der Gesellschaft, die sich laufend verändert, haben Junge und Alte, Chefs und »Untergebene«, Frauen und Männer meistens ein unterschiedliches Verständnis von der Realität. Deshalb kommunizieren sie rhetorisch ganz differenziert. Dies gilt es zu berücksichtigen, wenn man andere verstehen will.

Die Gesellschaft
verändert sich

Eine der größten Gefahren liegt gerade für erfolgreiche Führungskräfte in der Tatsache, daß sie Veränderungen in der Gesellschaft übersehen. Sie leben, oft jahrelang, für ihr Unternehmen, geben ihm alle Energie, werden aber betriebsblind und verlieren vor allem den Kontakt zu der Außenwelt.

Dieser häufig übersehene Vorgang ist völlig normal und spielt sich kontinuierlich ab. Er ist nur deshalb so gefährlich, weil ihn praktisch jeder erst dann zur Kenntnis nimmt, wenn sich die Strukturen derart verändert haben, daß die Anpassungszeit für Individuum und Unternehmen nicht mehr ausreicht. Der Chef nimmt nicht wahr, was sich alles verändert. Die Folge davon sind »Managerstürze«, der Verkauf oder die Auflösung von Firmenbestandteilen oder sogar ganzer Unternehmen.

Leistungen von gestern zu verteidigen, reicht heute nicht mehr aus.

Was gestern galt, muß heute nicht mehr stimmen. Viele Führungskräfte tun sich schwer mit dieser Tatsache, denn ihr Erfolg beruht auf Leistungen von gestern. Sie sind daher geneigt, ihre damaligen Leistungen wiederholen zu wollen, und zwar ungeachtet der Tatsache, daß die Welt von heute und morgen anders aussieht.

Was sind die neuen Parameter, die neuen Paradigmen, denen sich eine Führungskraft, die andere überzeugen will, stellen sollte?

Erfahrung ist nur soviel wert, wie sie im Moment noch taugt.

Parameterveränderungen

sind relativ leicht zu bewältigen, sei es durch Kostenkontrolle oder logische Veränderungen und Anpassung aller Art. Dazu gehört aber auch die Anpassung der Sprache und Argumentation, was viele übersehen, zum Beispiel: »Sind wir ein nationales Unternehmen? Eine deutsche Firma? Eine Schweizer Firma?«, oder »Sind wir ein Weltkonzern mit nationalen Niederlassungen oder Produktionsstandorten?«, »Nehmen wir Rücksicht auf die Umwelt?«, »Sind wir innovativ?« oder »Bieten wir Sicherheit?« sind Parameter, die sich ändern können. Hier zeichnet sich der Unterschied zwischen Management und Leadership ab. Manager arbeiten hart und viel, Leader schauen sich erst nach dem richtigen Parameter um.

Management ist: möglichst schnell eine Leiter zu erklimmen. Leadership ist: zu schauen, ob die Leiter an der richtigen Wand steht.

Paradigmen,

die sich verändern, sind wesentlich schwerwiegender und gefährlicher. Dafür treten sie – Gott sei Dank – seltener auf. Einer der größten Paradigmenwechsel in unserer Geschichte fand vor wenigen hundert Jahren statt: Die Erde fiel aus dem Mittelpunkt des Weltalls heraus (nach Galileo Galilei) und wurde zu einem Stern unter vielen. Ein anderer Paradigmenwechsel, den wir gerade jetzt erleben, der vielen, aber noch nicht in allen seinen Konsequenzen bewußt ist, ist der Abschied von der kolonialen Weltherrschaft. Dieser Prozeß ist seit fünfzig Jahren in Gang und noch nicht zu Ende.

Fragen Sie sich: Habe ich das richtige Paradigma? Ist mein Wissen up to date und angepaßt an die gesellschaftlichen Entwicklungen und Veränderungen?

Unternehmen, die sich derartigen Wechseln gegenübersehen, müssen nicht nur ihre Strukturen anpassen, sondern auch ihren Auftritt, ihre ganze Sprache. Mit Mexikanern, Arabern und Indern Geschäfte zu machen erfor-

dert Flexibilität, Verständnis und birgt eine große Her-
ausforderung.

Erkennen Sie das richtige Paradigma?

Ein Kriegsschiff, das in schlechtem Wetter unterwegs
ist, hat einen Signalmann eingesetzt, der dem Kapitän
meldet: »Licht voraus!« Der Kapitän stellt die Frage:
»Bewegt sich das Licht, oder bleibt es stehen?« Der
Signalmann antwortet: »Es bleibt stehen!« Der Kapitän
befiehlt: »Sende ein Signal: Ändern Sie Ihren Kurs um
80 Grad!« Es kommt ein Signal zurück: »Ändern *Sie
Ihren Kurs* um 80 Grad!« Der Kapitän signalisiert
zurück: »Ich bin ein Kapitän, ändern *Sie Ihren Kurs* um
80 Grad!« Ein Signal kommt zurück: »Ich bin ein Leut-
nant, ändern *Sie Ihren Kurs* um 80 Grad!« Da wird der
Kapitän sehr ärgerlich und signalisiert: »Wir sind ein
Kriegsschiff, ändern Sie sofort Ihren Kurs um 80 Grad!«
Ein Signal kommt zurück: »Wir sind ein Leuchtturm!«

Sind Sie den Überzeugungen Ihrer Kindheit treu
geblieben, kann mit höchster Wahrscheinlichkeit angenommen werden, daß Sie nicht mehr ganz up to date
sind. Der Niedergang des Patrons alter Schule ist ein
Beweis dafür. Es gibt eine einfache Regel: »Bis zum
vierzigsten Lebensjahr soll man auf die Alten hören,
danach auf die Jungen.« Prüfen Sie, ob Sie den richtigen
Umgang haben.

*Ein Kapitän ist,
wer überzeu-
gend steuert.*

Es gibt Junge, die schon stein- alt sind. Wer weckt sie?

Damit ist natürlich die Frage verbunden, ob Sie selber zu den Alten oder zu den Jungen gehören. Es gibt da interessante Kombinationen. Ich kenne ältere und alte Manager, die in ihren Denk- und Verhaltensweisen jünger sind als viele Dreißigjährige. Dies sind alte Führungskräfte, die absolut jung geblieben sind. Sie zu verstehen ist eher leicht. Sie sind meist unkompliziert.

Dann wiederum begegne ich jungen Managern, die schon mit dreißig oder vierzig Jahren eigentlich steinalt sind. Bei diesen bewegt sich nichts, herrscht die Abschottung, die Abkapselung vor. Neues wollen sie nicht lernen. Dies sind mental alte Leute. Sie sind nicht leicht zu verstehen, denn sie blocken ab und geben einem Rätsel auf.

Wenn die Gesellschaft sich verändert, was sie immer getan hat und weiterhin tun wird, ist es außerordentlich wichtig, daß Sie ganz für sich persönlich definieren, welchen Veränderungen Sie sich anpassen, welche Herausforderungen Sie bestehen wollen. Ich höre oft, daß solche Veränderungen für das Individuum keine Rolle spielen. Das bedeutet, daß man Veränderungen in unserer Gesellschaft entweder fatalistisch hinnimmt und weiterschläft oder solche Entwicklungen verdrängt und nach Schuldigen sucht. Man entläßt die Führungskraft, die ihre Spielräume nicht nutzte und kurzfristig scheiterte.

Erstellen Sie eine Liste der Veränderungen, die für Sie und Ihr Unternehmen wichtig sind und auf die Sie reagieren wollen, zum Beispiel die Überalterung Ihrer Kundschaft, technische Quantensprünge, die Ihr Produkt gefährden, Ihr jetziger Mitarbeiterstab, der neuen Anforderungen nicht mehr gewachsen ist und entsprechend geschult werden muß.

Jeden Monat sterben bekannte Produkte und Produktlinien ab. An jedem Jahresende sind einige Unternehmen aus dem Wettbewerb ausgeschieden. Die Gründe liegen meistens im mangelhaften Erkennen und Anpassen an gesellschaftliche Veränderungen. Im Moment ist in der Schweiz eine vegetarische Welle im Kommen. In den Gaststätten will man weniger Fleisch, dafür aber mehr Gemüse essen. Was macht der ehemalige Metzger, der bisher als Gastwirt recht erfolgreich war, weil er schöne reichhaltige Fleischplatten aufgetischt hat? Kann er sich umstellen und anpassen?

Feinfühliges Erkennen heißt: die Trends schon zu Beginn erkennen. Dann hat man Zeit zum Umstellen.

Feinfühliges Erkennen heißt aber vor allem auch: versuchen, andere Menschen zu verstehen, und zwar in ihrer ganzen Wechselhaftigkeit und Unberechenbarkeit, mit ihren Launen, ihren sich dauernd ändernden Wünschen und Ansprüchen. Dann hat man eher Gelegenheit, seine ganze Strategie und Vorgehensweise auf sie einzustellen.

Niemand läßt sich manipulieren

Zuerst einmal sei deutlich gesagt: Es gibt Gespräche, wo nicht verhandelt, wo keine Überzeugungsarbeit geleistet, sondern wo dem anderen einfach eine Situation dargelegt wird, die er zu akzeptieren hat, oder er muß eben verzichten. Er hat keine Option.

Da wird einfach ein Standpunkt offengelegt, begründet und gefordert: »Entweder Sie nehmen das jetzt so an, sonst...«

Solche Gespräche sind keine Dialoge. Das ist auch keine Kommunikation, sondern simple Einweginformation. Das Ganze könnte eigentlich besser schriftlich geschehen, denn man will ja vom anderen gar keine Meinung hören.

Gespräche solcher Art klammere ich in diesem Buch aus. Ich befasse mich mit Überzeugungsgesprächen, die dem oder den anderen verschiedene Möglichkeiten

Ein echtes Gespräch bedeutet Zwei-weg-Kommuni-kation; manch-mal muß man sie auch fordern.

anbieten, sie auffordern, ihre eigene Meinung zu äußern, ihre Fragen zu stellen, so daß sie dann letztlich die Gelegenheit haben, selbst zu entscheiden. Nur so kann ehrlich und dauerhaft überzeugt werden.

Ich fordere den echten Dialog. Ein Dialog resultiert aber letztlich immer in einem Kompromiß.

Am besten verstehen Sie, was ich meine, wenn ich ein Überzeugungsgespräch als ein Verkaufsgespräch bezeichne. Sie wollen jemandem etwas verkaufen: ein Produkt, eine Dienstleistung, eine Idee, eine Meinung beispielsweise.

Im vorhergehenden Kapitel habe ich ausführlich geschildert, daß Sie sich selbst zuerst verkaufen müssen, bevor Sie irgend etwas anderes verkaufen wollen. Der Begriff »**verkaufen**« wird jetzt überall verwendet und vom Sinn her eigentlich anstelle von »**überzeugen**« eingesetzt. Mein Gegenüber muß zuerst von mir selbst überzeugt sein, bevor er oder sie sich von meinem Angebot überzeugen läßt.

> **Ein Dialog ist nur dann ein echter Dialog, wenn du mit einer anderen Meinung herauskommst, als du hineingegangen bist.**

Ich bin also immer ein Verkäufer, und meine Dialogpartner sind die Käufer.

Was wollen Käufer eigentlich?

Käufer wollen überhaupt nicht mehr bevormundet und manipuliert werden. Sie hassen es, etwas kaufen zu müssen, das sie im Grunde nicht haben wollen.

Käufer wollen gute Gefühle haben.

Es wird nicht immer möglich sein, rationale Argumente mit Beweischarakter vorzubringen. Nichts läßt sich endgültig beweisen und absichern. Sogar wissenschaftliche Thesen lassen sich heutzutage leicht in Frage stellen.

So entscheidet letztlich immer das Gefühl. Wenn ich ein gutes Gefühl habe bei einer Sache, kann ich vollen Herzens ja dazu sagen.

In Chart 5 stelle ich die verschiedenen Gefühle zusammen, welche die Käufer haben wollen.

1. Der Käufer will das Gefühl haben, daß der Verkäufer seine Bedürfnisse erkennt und diese befriedigt.

2. Der Käufer will das Gefühl haben, daß man ihn zutiefst akzeptiert und versteht.

3. Der Käufer will das Gefühl haben, daß man seine Einwände, Bedenken, Zweifel und Befürchtungen akzeptiert und ernst nimmt.

4. Der Käufer will das Gefühl haben, daß er seine Entscheidung frei getroffen hat, ohne dazu gedrängt oder manipuliert worden zu sein.

Chart 5:
Käufer wollen
gute Gefühle
haben

5. Der Käufer will das Gefühl haben, daß der Verkäufer absolut ehrlich, glaubwürdig, vertrauenswürdig und ein Partner, Freund und Berater ist.

Einfühlsames aktives Zuhören

Wir alle müssen lernen, vorerst weniger Betonung auf die Überzeugungsarbeit gegenüber unseren »Käufern« zu legen, sondern diesen Käufern mehr zuzuhören.
Die Fähigkeit eines guten Beraters liegt vor allem darin, daß er seinen Interessenten und langjährigen Kunden ständig das Gefühl gibt: »Ich möchte Ihnen einfach zuhören und Ihre Wünsche und Probleme erfahren. Ich möchte Ihre Gefühle akzeptieren, wie auch immer diese sind – Unsicherheit, Unentschlossenheit, Zweifel, Bedenken, Widerstand.«

Aktives Zuhören erzeugt gute Gefühle – auf beiden Seiten.

Wir müssen außerdem lernen, mehr Sensibilität für die Komplexität menschlicher Einstellungen und Verhaltensweisen zu entwickeln. Menschen sind unberechenbar, sie haben eine beinahe allgegenwärtige Abneigung gegen Veränderungen und ein großes Mißtrauen gegenüber allen Versuchen der direkten Beeinflussung.

Aktives Zuhören erzeugt gute Gefühle.
Wenn Sie die nachfolgenden Seiten kritisch studieren und versuchen, diese Anregungen in Ihren Gesprächen anzuwenden, werden Sie feststellen, daß Sie damit sehr schnell ein gutes Klima, eine angenehme Atmosphäre schaffen können.

Ihre Vorgehensweise, zuerst einmal Ihre Gesprächspartnerinnen und Gesprächspartner zu öffnen, ihnen zuzuhören und ihre Gefühle zu akzeptieren und zu bestätigen, wird nichts an Ihrer persönlichen Wirkung verändern. Sie bleiben ganz Sie selbst. Aber Sie gewinnen an Sympathie, Vertrauen und Wohlwollen. Man baut vorhandenes Mißtrauen ab und wendet sich Ihnen zu.

Fast jedes Gespräch beginnt an der Oberfläche. Es werden Oberflächlichkeiten ausgetauscht, da sind Vorwände und Ausreden. Da ist oft die Unwahrheit angesiedelt. Da ist vor allem Hektik.

Ich vergleiche ein Gespräch mit dem Meer. An der Oberfläche ist Bewegung, da ist Wind, da sind Wellen, da ist vielleicht sogar Sturm. Bleibt ein Gespräch, eine Verhandlung an der Oberfläche, wird kein befriedigendes Ergebnis daraus resultieren können. Man kommt der Sache nicht auf den Grund.

Versuchen Sie, ein Gespräch zu vertiefen (siehe Chart 6: »Gehen Sie in die Tiefe«).

Wenn Sie ein Gespräch vertiefen, kommen Sie der Sache auf den Grund. Sie decken die wahren Gründe, die Hintergründe auf. Und Sie finden die Wahrheit.

Die Wahrheitsfindung ist die Grundlage für jedes Überzeugungsgespräch. Was nützt es, wenn Ihre Gesprächspartnerinnen und Gesprächspartner das sagen, was Sie gerne hören wollen, was aber keineswegs der Wahrheit entspricht?

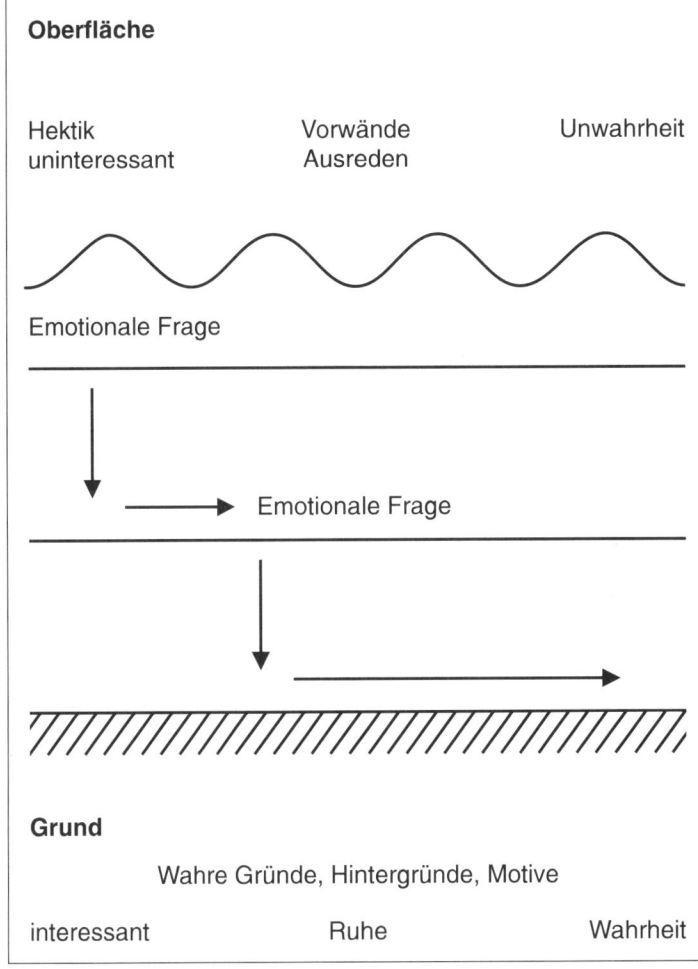

Oberfläche

Hektik   Vorwände   Unwahrheit
uninteressant   Ausreden

Emotionale Frage

Emotionale Frage

Grund

Wahre Gründe, Hintergründe, Motive

interessant   Ruhe   Wahrheit

Chart 6:
Gehen Sie in
die Tiefe

Das ist übrigens sehr oft der Fall. Viele Menschen trauen sich nicht, ihre eigene Meinung offen und deutlich auszusprechen. Es ist ihnen peinlich zu widersprechen. Sie möchten sich nicht exponieren. Sie verschieben das mental auf später.

Was sagen Sie, wenn Sie in einem Geschäft ein Produkt betrachten, es in die Hand nehmen und nach einigem Überlegen entscheiden, es nicht zu kaufen? Sagen Sie: »Ich nehm' das nicht«? Oder sagen Sie nicht vielmehr: »Ich will mir das nochmals überlegen, danke vielmals, ich komme wieder!« Dabei wissen Sie genau, daß Sie niemals wiederkommen werden. Sie wollen keine offene Konfrontation. Sie melden sich lieber diskret ab.

Niemand will die offene Konfrontation. Haben Sie dies verstanden?

Was antworten Sie dem Gastwirt, wenn er die Runde macht und jeden fragt: »Hat's Ihnen geschmeckt?« Sind Sie ehrlich, und sagen Sie ihm deutlich, was Ihnen nicht gefallen hat? Oder sagen Sie einfach: »Ja, danke!« und haben aber bereits entschieden, niemals mehr in diese Gaststätte zu gehen?

Ich will jetzt nicht Ihre Integrität anzweifeln und Ihnen etwa Feigheit vorwerfen. Es liegt mir vielmehr daran, die Realität zu schildern, wie sie ist. Wenn Sie jeweils offen sagen, was Ihnen mißfällt, dann haben Sie ein Lob verdient. Aber leider tun das die meisten Menschen nicht.

Man sollte den anderen die Wahrheit nicht wie ein nasses Tuch um den Kopf schlagen, sondern sie ihnen wie einen Mantel hinhalten, damit sie hineinschlüpfen können.
(Max Frisch)

Es ist ja auch schwierig, die Wahrheit zu sagen, weil es meistens unbequem ist: für mich und für die anderen. Nur wenige Menschen verstehen es, den anderen die Wahrheit mitzuteilen, ohne daß schlechte Gefühle entstehen.

Oft wird so verhandelt, daß man die wahren Zweifel, Bedenken und Einwände der Personen, die man überzeugen will, gar nicht erfährt, weil die sich schämen, auszusprechen, was in ihnen vorgeht.

Klar, daß solche Verhandlungen eigentlich Zeitverschwendung sind. Oft verscherzen wir damit unsere Chancen total. Weitere Verhandlungen bringen nichts mehr, weil inzwischen die Zeit gegen uns gearbeitet hat. Die unausgesprochenen Zweifel, Einwände und Bedenken haben überhandgenommen und zu anderen Entscheidungen geführt. Man hat sich für diejenigen Verhandlungspartner entschieden, die feinfühliger, verständnisvoller und einfühlsamer waren.

Stellen Sie vertiefende Fragen

Bevor Sie in einem Gespräch »zur Sache« kommen, sollten Sie dafür sorgen, daß eine lockere, entspannte und angenehme Atmosphäre entsteht. Deshalb sind formelle Gesprächseröffnungen ungeeignet. Sie erzeugen eher eine kühle, frostige Stimmung und zwingen die Gesprächspartnerinnen und Gesprächspartner ebenfalls, formell zu reagieren. Das Ganze läuft dann eher steif ab.

Wie geht man vor bei der Eröffnung eines Gesprächs?

Dafür gibt es keine allgemein erfolgreichen Rezepte. Angelernte »Gesprächseinstiege« werden als solche erkannt, denn sie wirken weder spontan noch herzlich. Wenn sich jemand gezielt und krampfhaft nach etwas umschaut, das er lobend erwähnen könnte, wirkt das künstlich, scheinheilig und unecht. »Das ist aber ein schönes Bild, das hier hängt!« So etwas ist schön zu

Wer begeistert ist, strahlt dies auch aus; manchmal sogar extrem.

hören, wenn es echt und ehrlich gemeint ist. Wenn es aber als falsches Kompliment gesagt wird, wirkt es kontraproduktiv.

Ehrlichkeit ist bei informellen Gesprächseröffnungen unabdingbar.
Wenn Sie ehrlich begeistert sind von etwas, das Ihnen positiv aufgefallen ist, können Sie das gerne erwähnen. Im Prinzip interessiert es jedermann, was einem »Fremden« positiv auffällt. Aber es muß wirklich stimmen.
Die Gepflogenheiten in den verschiedenen Ländern sind zu berücksichtigen. In England spricht man einfach immer zuerst über das Wetter. In Japan gilt es als schwere Beleidigung, gleich mit einem sachlichen Thema einzusteigen.
Ich persönlich erkundige mich gerne nach dem momentanen Befinden meiner Gesprächsteilnehmer. Erstens interessiert es mich wirklich (das ist auch eine Voraussetzung), und zweitens möchte ich nicht gleich von mir selbst reden, sondern erst einmal die anderen über sich reden lassen. Ich habe dadurch nur Vorteile. Ich kann mich entspannen und brauche zunächst nur zuzuhören. Zudem erhalte ich meistens wichtige Informationen. Ich mag es, wenn schließlich die andere Seite »zum Thema kommt«.
Wer das als unnötiges »Vorgeplänkel« abtun will, liegt sicher falsch. Ich habe im vorhergehenden Kapitel über das Zuwendungsmanko geschrieben, das heutzutage vorherrscht. Aus diesem Mangel an Zuwendung entsteht auch ein Mangel an Interesse. Wenn Sie sich für die Befindlichkeit der Menschen interessieren, die Sie von irgend etwas überzeugen wollen, ist das für mich eine absolut notwendige Vorbedingung und nicht etwa Zeitverschwendung. Ganz im Gegenteil: Je mehr Sie sich für andere interessieren, desto besser werden Sie diese Leute kennenlernen und können sie anschließend viel treffender und gezielter ansprechen.
Ein Problem besteht allerdings darin, daß viele Leute gerne von sich reden, aber an der Oberfläche bleiben und sich in Einzelheiten verlieren, die niemanden interessieren. Wenn sie in lange Erzählungen ausarten über

irgendeine Erfahrung oder ein Erlebnis, wird es schwierig, echtes Interesse aufrechtzuerhalten. Abbrechen und das Thema wechseln kann man ja auch nicht, denn das wäre unhöflich. Was tun, wenn sich jemand in oberflächliche Einzelheiten verliert?

Vertiefende Fragen führen von Einzelheiten weg.
Mit solchen Fragen bringen Sie das Gespräch in eine Tiefe, die es auch für Sie interessant macht, ohne daß Sie unbedingt vom Thema selbst etwas verstehen.
Was sind vertiefende Fragen? Solche Fragen nenne ich auch **emotionale Fragen.** Denn damit fragen Sie nach den Gefühlen, die mit den Ausführungen zusammenhängen, die gemacht werden.
Ein Beispiel: Jemand erzählt Ihnen von einem seiner Hobbys. Er verliert sich in Einzelheiten. Sie können nicht mitreden, denn Sie kennen die Aktivität überhaupt nicht. Wenn sie oberflächlich nach weiteren Einzelheiten fragen: »Wann machen Sie das? Wie oft machen Sie das? Wo führen Sie das jeweils aus? Mit wem zusammen?« zum Beispiel, dann wird alles nur schlimmer, denn im Grunde genommen interessiert Sie das ja überhaupt nicht. Ihr Gesprächspartner meint jedoch anfänglich, Sie seien interessiert, und ist irgendwann sehr enttäuscht, wenn er merkt, daß Ihr Interesse nicht echt ist. Und er wird es auf alle Fälle merken. Dann sinkt Ihre Glaubwürdigkeit, denn was Sie machten, war unehrlich. Sie haben Interesse geheuchelt, ohne welches zu haben. Das wird Ihr Gegenüber auch auf andere Dinge projizieren, Sie sind für ihn nicht ehrlich, Ihnen ist nicht zu trauen.

Stellen Sie eine der folgenden vertiefenden, emotionalen Fragen:

• Was bedeutet Ihnen das?

• Was bedeutet das für Sie?

• Was gefällt Ihnen daran am besten?

• Was fasziniert Sie daran am meisten?

Jetzt spricht Ihr Gegenüber plötzlich nicht mehr von Einzelheiten, sondern von seinen Gefühlen. Und jetzt wird es auch für Sie interessant.

Mit vertiefenden Fragen nähern Sie sich immer den Sinnfragen. Es ist erstaunlich, wie Sie in kurzer Zeit eine Gesprächstiefe erreichen können, die oft sehr schnell zu einer emotionalen Annäherung führt.

Eigentlich ist jeder von uns an den Sinnfragen sehr interessiert. Wir stellen sie uns nicht jeden Tag, aber in schwierigen Situationen des Lebens gewinnen die Sinnfragen absolute Priorität. Die Sinnfragen lauten:

- **Woher komme ich?**

- **Wer bin ich?**

- **Wer liebt mich?**

- **Wohin gehe ich?**

Die letzte Frage, »Wohin gehe ich?« führt schließlich zur Frage, die sich jeder stellen wird, den man von etwas überzeugen will: »Soll ich – oder soll ich nicht?«

Wenn über Investitionen entschieden werden muß, sind die folgenden vertiefenden Fragen sehr geeignet:

- **Was haben Sie für ein Gefühl bei der momentanen wirtschaftlichen Situation?**

- **Was für Gefühle haben Sie in bezug auf die Zukunft?**

- **Was beschäftigt Sie momentan am meisten?**

- **Worauf kommt es Ihnen am meisten an, was ist für Sie am wichtigsten?**

Sie sehen, daß ich zunächst nach den Gefühlen und den gefühlsmäßigen Prioritäten frage. Fast automatisch macht mein Gegenüber dann wichtige Aussagen, die mir seine Welt, seine Interessen, seine Wünsche und Pläne, aber auch seine Ängste, Zweifel und Bedenken aufzeigen.

In Chart 7 finden Sie weitere vertiefende, emotionale Fragen zur Auswahl.

- Was haben Sie für ein Gefühl bei . . .?
- Wie fühlen Sie sich in bezug auf . . .?
- Sind Sie glücklich mit . . .?
- Freut es Sie, daß . . .?
- Sind Sie zufrieden mit . . .?
- Sind Sie stolz auf . . .?
- Was beeindruckt Sie am meisten?
- Gibt es etwas, was Ihnen nicht gefällt?
- Beschäftigt Sie etwas Bestimmtes?
- Wie haben Sie das . . . erlebt?
- Welche Bedeutung hat das für Sie?
- Beschäftigt Sie etwas?
- Stört Sie etwas?
- Was stört Sie daran am meisten?
- Was belastet Sie am meisten?
- Was ärgert Sie am meisten?
- Was gibt es Erfreuliches?
- Was fasziniert Sie daran am meisten?
- Was begeistert Sie am meisten?
- Geht es Ihnen gut?
- Was würden Sie sich wünschen?
- Was wäre Ihr Wunschtraum?
- Was sind Ihre Visionen?
- Haben Sie persönliche Erwartungen in der Zukunft?
- Wovon träumen Sie?
- Was befürchten Sie in der Zukunft?
- Wohin tendieren Sie?
- Möchten Sie lieber nicht darüber reden?
- Möchten Sie mir mehr darüber sagen?
- Ist es Ihnen unangenehm, darüber zu reden?

Chart 7:
Weitere vertie-
fende, emotio-
nale Fragen zur
Auswahl

Ein gutes Gespräch braucht Zeit und konzentrierte Argumentation.

Vertiefende, emotionale Fragen können Sie jederzeit in einem Gespräch stellen, unabhängig vom Thema. Durch diese Fragen werden Ihre Gesprächspartnerinnen und Gesprächspartner das Gefühl bekommen, daß Sie sich wirklich für sie interessieren, und daraus wird immer wieder eine Vertiefung des Themas resultieren. Das ist auch möglich, wenn Sie vom Thema selbst gar nicht viel verstehen. Selbstverständlich können Sie solche Fragen auch zum Thema stellen, das Sie selbst besprechen wollen. Sie veranlassen damit, daß auch in dieser Richtung eine Vertiefung erzielt wird.

Es wird oft dazu kommen, daß man an Sie gewisse Fragen stellt, um Ihre Vorschläge, Ihre Lösung, Ihre Ideen kennenzulernen. Sie brauchen dann nur diese Fragen zu beantworten. So manipulieren Sie niemals. Sie befriedigen ein echtes Interesse. Dadurch können Sie am besten andere überzeugen, denn nichts ist von Ihnen ausgegangen, sondern allein von Ihren Gesprächspartnerinnen und Gesprächspartnern.

Dieses Vorgehen benötigt allerdings etwas mehr Zeit als das klassische, konzentrierte Argumentieren. Sie müssen also dafür sorgen, daß für ein solches Gespräch ein entsprechender Zeitrahmen zur Verfügung steht. Unter Zeitdruck ist das eben nicht möglich. Dann erreichen Sie auch keine Tiefe. Und Sie sind nicht sicher, ob die Entscheidungen richtig getroffen wurden und ob sie von Dauer sind.

Meine Erfahrung zeigt, daß Menschen, die jeweils am Anfang eines Gespräches sehr gestreßt sind und unter enormem Zeitdruck stehen, durch die Beantwortung meiner vertiefenden, emotionalen Fragen plötzlich ganz ruhig und nachdenklich werden und dann jede Menge Zeit haben. Zeit ist eben abhängig von der Wichtigkeit eines Gespräches und des Gesprächsthemas. Nichts ist wichtiger für den Menschen als die Fragen nach dem Sinn des Lebens, die Sie mit vertiefenden, emotionalen Fragen ansteuern.

Hören Sie genau zu

Selektive Wahrnehmung ist eher die Regel, nicht die Ausnahme. Wenn wir zuhören, nehmen wir nur das auf, was wir aufnehmen wollen.

Wir denken an alles mögliche gleichzeitig, während wir so quasi zuhören. Denken kann man etwa vier- bis fünfmal so schnell wie reden. Das verleitet uns dazu, gedanklich abzuschweifen. Wir meinen, daß wir das Wesentliche trotzdem schon noch aufnehmen können, was andere sagen.

Eine weitere Versuchung liegt darin, immer und alles gleich zu bewerten, was ein anderer gerade sagt. Wir stufen Aussagen sogleich als richtig oder falsch, als interessant oder uninteressant ein.

Unser bisheriges Leben hat uns mit Erfahrungen geprägt. Diese Erfahrungen projizieren wir auf unsere Gesprächspartnerinnen und Gesprächspartner. Wir

Wer zu früh bewertet, gerät leicht in Verlegenheit.

bringen alles ein, was wir bisher erlebt haben. Selbst dann, wenn wir jemandem zum ersten Mal begegnen, denken wir sofort an ähnliche Situationen, die wir früher einmal erlebt haben. Diese Filter verhindern, daß wir den anderen wirklich und richtig verstehen. Alles ist gefärbt. Wir mischen unsere eigenen Farben dazu. Die Nachricht des anderen wird dadurch verzerrt. Wir hören das, was wir eigentlich hören wollen, aber nicht das, was der andere wirklich meint. Unsere Projektion geht so weit, daß alle Erfahrungen, die wir mit anderen Menschen gemacht haben, unsere Gesprächspartnerinnen und Gesprächspartner irgendwie abstempeln. Unsere eigene Meinung über das Aussehen, die Kleidung, den Titel des Menschen, mit dem wir gerade sprechen, beeinflußt die Wahrnehmung dessen, was er sagt.

Ein weiterer Risikofaktor ist die Semantik – die Bedeutung einzelner Wörter. Es ist nicht sicher, ob wir unter einem Wort, das wir hören, genau das gleiche verstehen wie unser Gegenüber. Einzelne Wörter können auch eine semantische Änderung erfahren. Das Wort »Problem« zum Beispiel bedeutete früher »eine zu lösende Aufgabe«, während heute eher »eine Schwierigkeit« darunter verstanden wird.

> **Hören Sie genau zu, was gesagt wird. Sie könnten Wichtiges verpassen und würden dann falsch reagieren. Das macht Sie sofort unglaubwürdig. Einem, der nicht richtig zuhört, kann man nicht trauen!**

Genaues Zuhören erfordert äußerste Konzentration.

Konzentrieren Sie sich genauso auf das Zuhören wie auf das Reden? Ich hatte bereits erwähnt, daß eine intensive Vorbereitung auf ein Gespräch dazu führt, sich frei zu fühlen und sich ganz auf die Personen konzentrieren zu können, die am Gespräch teilnehmen, und »es dann einfach reden läßt«, wenn man redet.

Diese umfassende Vorbereitung ist natürlich auch Voraussetzung für konzentriertes Zuhören. Sonst befaßt man sich – während der andere redet – dauernd mit der Frage »Was werde ich antworten?« und kann so unmöglich alles richtig auf- und wahrnehmen.

Genaues Zuhören bedeutet auch Zuwendung: Ich wende mich mit Haut und Haar dem anderen zu. Ich nehme alles auf, was gesagt wird, und zwar zunächst ohne zu werten. Aber ich registriere alles. Menschen, die nicht

> **Zuhören ist genauso wichtig wie reden, oft sogar noch wichtiger. Ein Wort zuviel gesagt kann Schwierigkeiten verursachen. Etwas länger und konzentrierter zugehört zu haben bringt nur Vorteile.**

richtig zuhören, wirken sofort unsympathisch und sogar unehrlich. Wie kann jemand ehrlich sein, der nicht einmal zuhört und versteht, was ich sage! Ich kann mich doch auf so jemanden nicht verlassen!

Wenn Sie in einem Gespräch später einmal etwas wiederholen, was von anderen gesagt wurde, ist das der Beweis, daß Sie voll konzentriert zugehört haben. Das macht Sie nicht nur sympathisch, sondern glaubhaft und vertrauenswürdig. Es erzeugt ein Gefühl von Vertrauen, wenn man feststellt, daß jemand einem wirklich zuhört.

Spiegeln Sie Gefühle zurück

Aus der Gesprächstherapie lernt man, was es bedeutet, jemandem aktiv zuzuhören. Eine Therapiesitzung ist nichts anderes als eine Stunde bezahltes Zuhören. Ich bezahle dafür, daß mir jemand richtig zuhört. Das gibt mir ein gutes Gefühl. Das hilft mir, über meine Probleme hinwegzukommen. Die Gewißheit, daß noch jemand genau Bescheid weiß über meine Ängste und Nöte, Befürchtungen und Belastungen, gibt mir Hoffnung. Wenn ich weiß, daß da noch jemand ist, der mit mir mitdenkt und mitfühlt, fühle ich mich nicht mehr allein und verzweifelt. Außerdem kann ich mich dieser Person gegenüber frei äußern, ich kann meine Gefühle zeigen. Ich fühle mich akzeptiert und verstanden.

Hier begegnen wir einem Phänomen: Gefühle zu äußern, also laut auszusprechen, ist die Grundlage der Gesprächstherapie. Vorhandene Gefühle in sich zu

Fühle ich mich akzeptiert und verstanden?

lassen, niemals herauszulassen, sondern zu verdrängen, zu leugnen, zu tabuisieren, das ist tödlich. Die meisten Menschen haben Mühe, ihre eigenen Gefühle auszusprechen. Man ist das überhaupt nicht gewohnt. Von Kindheit an mußte man lernen, sich zu beherrschen, seine Gefühle zu unterdrücken: »Bei Tisch wird nicht geweint, wenn du weinen willst, so geh in dein Zimmer!«

Sie werden mir recht geben: Es ist sehr selten, daß bei geschäftlichen Gesprächen und Verhandlungen Gefühle geäußert werden. Man hält sich an die Fakten, an das Rationale. Gefühle sind eher tabu.

Das können und sollen Sie ändern. Aber nicht offensichtlich, sondern ganz allmählich. Fangen Sie einfach damit an, ab und zu die Gefühle Ihrer Gesprächsteilnehmerinnen und -teilnehmer zu bestätigen. Diese werden sich akzeptiert und verstanden fühlen.

Sie haben gehört, was Ihr Gegenüber gesagt hat: eine Meinung, eine Information, ein Argument, eine Stellungnahme. Jetzt fragen Sie sich: »Was geht in dieser Person vor? Was hat sie für Gefühle, wenn sie das sagt?« Und daraufhin können Sie dieser Person so ein Gefühl bestätigen. Sie nennen ein Gefühl, Sie sprechen es aus, quasi für die Person, weil sie es ja nicht selbst ausgesprochen hat. Sie bieten dieser Person ein Gefühl an. Einfach so.

> **Nachdem Sie gut zugehört haben, stellen Sie sich die Frage: »Was hat diese Person jetzt für Gefühle?«**

Bitte fragen Sie jetzt nicht nach dem Gefühl, so wie wir das vorher bei den vertiefenden, emotionalen Fragen gemacht haben, sondern bieten Sie das Gefühl einfach an. Nennen Sie es.

Ihr Gegenüber kann nun dieses Gefühl annehmen oder auch ablehnen: »Ja, so ist es« oder »Nein, nicht, sondern...« Beides ist o.k. Auch wenn Ihr Gesprächspartner das angebotene Gefühl ablehnt, wird er das nicht negativ empfinden. Er wird das angebotene Gefühl meistens durch ein anderes ersetzen. In beiden Fällen fühlt sich die Person verstanden. Und zwar ganz tief verstanden, angenommen, akzeptiert, innerlich umarmt.

Wir nennen diese Gefühlswörter *emotionale Statements*. Hier einige Beispiele, wie man mit emotionalen Statements die Gefühle des anderen bestätigen kann:

Aussage der Person:	Emotionales Statement:
Ich bin mir nicht so sicher, ob das so dringend ist.	Sie haben **Bedenken.**
Unsere geschäftlichen Aussichten sind momentan nicht so gut.	Das **bedrückt** Sie.
Leider ist uns hier bei der Abrechnung ein Fehler passiert.	Das ist Ihnen **unangenehm.**
Schon wieder hat dieser Lieferant den Liefertermin massiv überschritten.	Sie **fühlen sich unfair behandelt.**
Wir haben noch ein anderes Angebot erhalten, das wesentlich günstiger ist.	Sie sind **verunsichert.**
Der Preisdruck nimmt zu und die Währungsprobleme auch, wir müssen mit zunehmenden Schwierigkeiten im Exportgeschäft rechnen.	Sie sind **beunruhigt.**
Das macht schon Sinn, das leuchtet mir ein.	Sie sind **beeindruckt.**
Was Sie da sagen, klingt sehr überzeugend.	Sie haben **ein gutes Gefühl.**
Es ist wirklich phantastisch, was dieser neue Mitarbeiter leistet.	Sie sind **begeistert.**

Gesprächsbeispiele für emotionale Statements

Sie brauchen keine Bedenken zu haben, ab und zu solche emotionalen Statements zu plazieren. Es gibt keine Risiken, denn immer fühlt sich die entsprechende Person akzeptiert und verstanden. Sie haben **emotionalen Rapport** hergestellt. Sie haben sich der Person auf der Gefühlsebene angenähert. Auch wenn Sie ein falsches Statement nennen, macht das gar nichts. Im Gegenteil, es ist insofern noch besser, weil die Person meistens dann weiterredet. Wenn ein Statement angenommen wird, genügt ein Ja. Wird ein Statement abgelehnt, wird es die Person meistens begründen und Ihnen weitere Informationen geben. Beispiel: »Ich sei deswegen **verunsichert**? Nein, ich bin **enttäuscht**, und ich werde Ihnen auch genau sagen, weshalb...« Es ist erstaunlich, wie leicht Sie so zu Informationen kommen, die mit gewöhnlichen Fragen kaum genannt werden. Es ist ja auch klar, warum das so ist. Jemandem gegenüber, von dem man sich zutiefst verstanden und akzeptiert fühlt, vertraut man sich gerne an.

Diese Frage hat gesessen, wo bleibt die Antwort?

Bei Gesprächen mit mehreren Personen müssen emotionale Statements immer nur an eine einzelne Person gerichtet werden, und zwar an die Person, die gerade gesprochen hat.

Mit einem emotionalen Statement können Sie auch jemanden unterbrechen, der zu lange und zuviel redet. Das ist ein kleiner Trick. Unterbrechen Sie die Person, indem Sie zuerst ihren Namen nennen und dann ein emotionales Statement anfügen, zum Beispiel: »Herr Müller, Sie sind enttäuscht!« Sie werden staunen, die Person wird ihren Redefluß stoppen. Warum eigentlich? Psychologisch gesehen ist die Erklärung ganz einfach: Jemand, der lange und viel redet, hat meistens ein akutes Zuwendungsmanko. Er will sich deshalb die Zuwendung seiner Zuhörer durch langes Reden erzwingen. Bekommt er ein emotionales Statement genannt, ist das für ihn eine geballte Ladung an Zuwendung. Er ist zufrieden und gar nicht etwa böse, daß man ihn unterbrochen hat.

Partnerorientiertes Wiederholen

Wenn jemand längere Zeit redet und mehrere Aussagen gemacht hat, können Sie nicht einfach mit einem emotionalen Statement **ein** Gefühl zurückspiegeln. In den verschiedenen Aussagen sind mehrere, teilweise ganz verschiedene Gefühle enthalten, die sich sogar widersprechen können. Wir sprechen dabei von einer **inneren Ambivalenz**, einem **inneren Zwiespalt**. Das kommt übrigens sehr häufig vor. Wir sind ja immer gleichzeitig von vielen Gefühlen beeinflußt. Wenn wir einerseits gute Gefühle haben, sind zur gleichen Zeit meistens auch schlechte Gefühle vorhanden. Diesen inneren Zwiespalt gilt es jetzt zurückzuspiegeln.

Hier einige Beispiele solcher Aussagen:

»Einerseits freue ich mich, andererseits habe ich etwas Angst.«

»Mit diesem bin ich zufrieden, mit jenem aber unzufrieden.«

»Eigentlich bin ich entschlossen, aber doch noch etwas unsicher.«

»Ich bin froh und dennoch leicht enttäuscht.«

Beim partnerorientierten Wiederholen kommt es nicht auf perfekte Formulierungen an. Fangen Sie einfach an wie beispielsweise:

»Sie machen sich Sorgen wegen . . .«

Sie brauchen gar nicht unbedingt ganze Sätze zu bilden. Oft redet die Person weiter, obwohl Sie noch gar nicht zu Ende gekommen sind. Wichtig ist, daß Sie **mehrere emotionale Statements**, also Gefühle, nennen.

Beim partnerorientierten Wiederholen fassen Sie das zusammen, was die Person gesagt hat. Dabei verwenden Sie andere Formulierungen und sprechen mehrere Gefühle der Person aus, die mit ihrer Äußerung zusammenhängen.

Lesen Sie die nachfolgenden Beispiele von partnerorientierten Wiederholungen genau durch. Streichen Sie jeweils die emotionalen Statements in jedem Satz (auf der rechten Seite) an, dem zurückgespiegelt wurde. Das ist eine gute Übung. Damit sensibilisieren Sie sich für die Gefühlswörter, die ohnehin nicht mehr alle in Ihrem aktiven Wortschatz enthalten sind. Sie haben sie schon zu lange nicht mehr verwendet.

Achten Sie darauf, daß Sie nicht interpretieren.
Beim Spiegeln dürfen Sie auf keinen Fall eigene Schlußfolgerungen äußern. Das wäre fatal, denn damit würde sich Ihre Gesprächspartnerin oder Ihr Gesprächspartner eventuell bevormundet fühlen. Ein Beispiel einer solchen gefährlichen Interpretation:

Das ist eine sehr schwierige und weitreichende Entscheidung. Unser ganzes Personal wird sich umstellen müssen. Gerade die älteren Arbeitnehmer werden damit Probleme haben.	Sie wollen also alle älteren Leute entlassen, weil Sie diese gar nicht mehr einsetzen können.

Es versteht sich von selbst, daß so etwas gefährlich wäre.

Aussagen des Partners	Spiegeln
Sie sind viel zu teuer. Wir haben noch zwei andere Offerten, und beide sind wesentlich günstiger als Ihre. Es ist doch nicht möglich, daß Sie so viel mehr verlangen.	Sie sind überrascht, daß unsere Preise höher sind, und gleichzeitig verunsichert, weil Sie nicht verstehen können, warum andere günstiger sind.
Zweimal haben Sie den vereinbarten Termin nicht eingehalten. Dadurch sind uns erhebliche Mehrkosten entstanden. Unsere Geschäftsleitung hat sich bei mir beschwert.	Sie sind enttäuscht und fühlen sich von uns im Stich gelassen. Zudem fühlen Sie sich persönlich exponiert.
Das ist eine sehr schwierige und weitreichende Entscheidung. Unser ganzes Personal wird sich umstellen müssen. Gerade die älteren Arbeitnehmer werden damit Probleme haben.	Sie fühlen sich verantwortlich für diese Umstellung und machen sich Sorgen, ob alles gutgehen wird. Sie sind unsicher.
Wir legen großen Wert auf diese ganz bestimmte Lösung. Denn unser Chef hat den Wunsch geäußert, daß dies genau so gemacht wird. Ihm zu widersprechen wäre hoffnungslos.	Sie fühlen sich eingeengt, weil Ihnen diese Lösung vorgegeben wurde. Das belastet und bedrückt Sie.
Ich möchte nicht sagen, das sei übertrieben; aber alles, was Sie uns da versprechen, klingt einfach zu gut. Können Sie uns das schriftlich geben?	Sie sind eigentlich begeistert von unseren Vorschlägen, haben aber noch Zweifel, ob das alles auch eingehalten werden kann.

Aussagen des Partners	Spiegeln
Unser Anliegen ist klar. Wir möchten für die nächsten zwei Jahre genügend Kapazität haben. Aber wenn weiterhin solche Störungen auftreten, ist die Produktion gefährdet.	Sie möchten sicher sein, daß Sie in Ruhe produzieren können, haben aber Angst vor weiteren Störungen.
Die Mitarbeiter haben mich akzeptiert. Aber die Geschäftsleitung fällt immer wieder einsame Entscheidungen, ohne mich vorher zu konsultieren.	Sie fühlen sich einerseits akzeptiert, aber andererseits übergangen.
Jetzt haben wir es geschafft. Wir kommen langsam wieder in die Gewinnzone. Wir müssen nur sehr darauf achten, daß unsere Kosten nicht zu sehr ansteigen.	Sie sind erleichtert, daß es wieder bessergeht, machen sich aber gleichzeitig Sorgen wegen der steigenden Kosten.
Den Auftrag haben wir bekommen. Wir haben ja auch lange darum gekämpft. Zum Schluß war es dann eine unschöne Preisdrückerei. Man hat uns ganz bös in die Zange genommen. Aber schließlich hat man uns dann doch vorgezogen.	Sie freuen sich, nach langem, zähem Ringen gewonnen zu haben, aber es war Ihnen sehr unangenehm, daß man Sie so gequält hat.
Die Methode gefällt mir und leuchtet mir ein. Aber wie soll ich sie in der Praxis anwenden? Meinen Sie wirklich, daß das so gut funktionieren wird, wie Sie das darstellen?	Sie sind eigentlich überzeugt von der Methode, haben aber Bedenken, ob Sie sie in der Praxis anwenden können.
Was meinen Sie genau? Wollen Sie mir glaubhaft machen, wir seien auf dem falschen Weg? Unsere Leute sind da ganz anderer Meinung. Wir sind davon überzeugt, daß wir die Ziele, die wir uns gesetzt haben, auch erreichen werden. Man darf uns nur nicht ständig hineinreden.	Wenn ich Sie richtig verstanden habe, fühlen Sie sich unverstanden und bevormundet. Sie wären glücklicher, wenn Sie freie Hand hätten und unabhängig wären.

Aussagen des Partners	Spiegeln
Die Räume gefallen uns. Die Lage ist ruhig und angenehm. Aber wer garantiert uns, daß wir nicht in zwei Jahren wieder ausziehen müssen, wenn Sie die Wohnung selber brauchen?	Sie sind beeindruckt von den Räumen und der Lage. Eigentlich haben Sie ein gutes Gefühl. Sie haben aber noch Bedenken wegen kurzfristiger Kündigung.
Wir haben Ihnen unser äußerstes Angebot abgegeben. Das ist unser letztes Wort. Wenn Sie nicht wollen, dann tut es uns leid. Dann müssen wir eben verzichten.	Es ärgert Sie, daß wir nicht auf Ihr Angebot eingegangen sind, und Sie sind enttäuscht, daß Sie keine Lösung gefunden haben.
Wo finde ich die Spezialisten, die ich für die Bedienung dieser Anlage brauche? Sie wissen doch selbst, wie schwierig das ist.	Sie machen sich Sorgen, die richtigen Leute zu finden. Das beschäftigt Sie.
Falls Sie wirklich interessiert sind, müssen Sie doch jetzt zustimmen. Wenn Sie nicht ja sagen, dann verpassen Sie eine einmalige Chance. So etwas kommt nie wieder.	Sie sind ungeduldig, weil ich noch nicht ja gesagt habe, und verärgert, weil ich noch nicht überzeugt bin.
Bisher sind wir immer gut gefahren mit unserer Einrichtung. Ich sehe gar nicht ein, warum die jetzt plötzlich schlecht sein soll.	Sie sind stolz auf Ihre bisherige Lösung und fühlen sich gekränkt, weil sie ersetzt werden soll.
Die gegenwärtige, gute Geschäftslage ist erfreulich. Ich frage mich nur, wie lange das noch anhalten wird.	Sie freuen sich, daß es momentan so gutgeht, haben aber etwas Angst vor der Zukunft.
Die neuen Maschinen arbeiten sehr zufriedenstellend. Was mir daran nicht gefällt, ist der hohe Wartungsaufwand.	Sie sind zufrieden mit den neuen Maschinen, aber unzufrieden mit der Wartung.
Der Kandidat für die vakante Stellung gefällt mir sehr gut. Ich habe allerdings das Gefühl, daß er sehr von sich eingenommen ist.	Sie sind einerseits überzeugt von diesem Mann, aber andererseits haben Sie noch gewisse Bedenken.

*Gesprächs-
beispiele, wie
gespiegelt
werden kann*

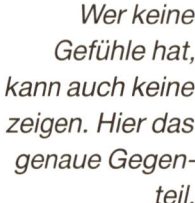

Wer keine Gefühle hat, kann auch keine zeigen. Hier das genaue Gegenteil.

Die Beispiele, die Sie soeben gelesen haben, zeigen Ihnen, welche Möglichkeiten Sie haben, mit emotionalen Statements entweder nur die Gefühle zurückzuspiegeln oder mit partnerorientiertem Wiederholen ganze Sätze zu formulieren, die das zusammenfassen, was die andere Person gesagt hat. Es gibt weder richtig noch falsch; die Beispiele sind schlicht als Anregung zu verstehen, man hätte alles auch in anderer Form zurückspiegeln können.

Da es ja keine Rolle spielt, ob Sie jeweils die Gefühle des anderen richtig treffen, ist die Methode sehr fehlerfreundlich. Man kann eigentlich gar keine Fehler machen.

Das größte Problem stellen die Ihnen noch fehlenden Gefühlswörter dar.

Sie brauchen unbedingt geeignete Gefühlswörter, denn sonst funktioniert das Ganze nicht. Wenn Sie nur rein rational wiederholen, was Ihr Gegenüber gesagt hat, ohne dabei Gefühle zu nennen, könnte es sogar penetrant auf diese Person wirken. Kommen Gefühlswörter vor, strahlt es auf die Person ganz anders aus. Sie wird gefühlsmäßig und ganz unbewußt angesprochen, das heißt, der Kopf wird eher zurückgestellt. Die Person wird also nicht analysieren, was Sie zurückgespiegelt haben, sondern das Unterbewußtsein (das Unbewußte)

*Emotionale Aus-
brüche tragen
zur Klärung der
Situation bei.*

der Person ist angesprochen, und dieses reagiert sehr
stark. Das Unbewußte deckt alles andere zu. Das Unbewußte ist weder gebildet noch logisch oder gedanklich
nachvollziehbar. Das Unbewußte ist wie ein wildes Tier:
Es springt auf die genannten Gefühle.
Nun haben Sie allerdings ein Problem. Sie müssen
unbedingt diese Gefühlswörter wieder in Ihren aktiven
Wortschatz aufnehmen. In Chart 8 (»Emotionale Statements«) finden Sie eine Checkliste mit allen gebräuch-
lichen Gefühlsausdrücken. Sie werden darunter auch
Begriffe finden, die Sie vielleicht kaum oder erst nach
einer gewissen Übung verwenden werden.
Zunächst empfehle ich Ihnen die Begriffe, die Sie in
Chart 9 (»Wichtige Gefühlsausdrücke und emotionale
Fragen«) aufgeführt finden. Es lohnt sich, diese Checkliste zu kopieren und ständig bei sich zu haben. Darauf
sind die gängigsten emotionalen Statements und emotionalen Fragen aufgeführt. Ein Drittel davon genügt
schon, um mit der Methode des aktiven Zuhörens anzu-
fangen. Versuchen Sie es doch einfach, Sie werden über
die Erfolge erstaunt sein!

Sie sind:
- zufrieden
- fröhlich
- erwartungsvoll
- glücklich
- froh
- heiter
- guter Laune
- guter Stimmung
- zuversichtlich
- ausgeglichen
- stolz
- erleichtert
- ratlos

- beeindruckt
- gerührt
- begeistert
- gespannt
- entsetzt
- außer sich
- verärgert
- ungeduldig
- besorgt
- schockiert
- neugierig
- unsicher
- verunsichert
- zerknirscht

- enttäuscht
- entrüstet
- aufgewühlt
- traurig
- skeptisch
- untröstlich
- unschlüssig
- zornig
- beleidigt
- beunruhigt
- lustlos
- verzweifelt
- verwirrt
- sauer

- verbittert
- befangen
- nachdenklich
- bedrückt
- betrübt
- erregt
- im Zweifel
- wütend
- verängstigt
- mißtrauisch
- bestürzt
- unglücklich
- unzufrieden

Sie fühlen sich:
- gut
- geborgen
- überrumpelt
- verpflichtet
- hintergangen
- betrogen
- verletzt
- betroffen
- gedemütigt
- unbeachtet
- ausgebrannt
- wohl

- herausgefordert
- mißmutig
- übergangen
- unverstanden
- vernachlässigt
- unter Druck
- ausgestoßen
- eingeengt
- betreten
- völlig leer
- erschöpft
- bedrängt
- minderwertig

- verulkt
- überflüssig
- beschämt
- beleidigt
- hereingelegt
- unbeweglich
- mißachtet
- beobachtet
- überlistet
- mutlos
- gekränkt
- vergewaltigt
- unfair behandelt

- verschaukelt
- isoliert
- übervorteilt
- ausgelacht
- abhängig
- ernüchtert
- zurückversetzt
- mißbraucht
- im Stich gelassen
- niedergeschlagen
- allein gelassen
- zurückgewiesen

Sie haben:
- Hoffnung
- ein gutes Gefühl

- Bedenken
- Selbstvertrauen
- ein schlechtes Gefühl

- Zweifel
- Angst vor . . .

- Das freut Sie.
- Das schätzen Sie.
- Das beruhigt Sie.
- Das bestärkt Sie.
- Das beglückt Sie.

- Sie befürchten.
- Das bedrückt Sie.
- Das überrascht Sie.
- Das regt Sie auf.
- Das macht Sie mutig.

- Das ist wichtig für Sie.
- Das beschäftigt Sie.
- Das schockiert Sie.
- Das ist Ihnen peinlich.
- Das schmerzt Sie.

- Das ist Ihnen unangenehm.
- Das macht Ihnen zu schaffen.
- Sie fühlen sich auf den Arm genommen.
- Sie fühlen sich im Stich gelassen.

- Das bereitet Ihnen Kummer.
- Das macht Sie glücklich.
- Sie kommen nicht davon los.
- Das stimmt Sie sorgenvoll.

Sie sind:
- beeindruckt
- zuversichtlich
- froh
- hoffnungsvoll
- zufrieden
- begeistert
- fasziniert
- gespannt
- erleichtert
- nachdenklich
- skeptisch
- im Zweifel
- verunsichert
- unzufrieden
- enttäuscht
- verärgert
- beunruhigt
- bedrückt
- unter Druck
- schockiert

Sie fühlen sich:
- gut
- im Stich gelassen
- hintergangen
- zurückversetzt
- übergangen
- verschaukelt
- zurückgewiesen
- mutlos
- erschöpft
- schlecht
- unfair behandelt
- betrogen
- übervorteilt
- vernachlässigt
- hereingelegt
- befangen
- verletzt
- niedergeschlagen
- allein gelassen

- Das freut Sie.
- Das befriedigt Sie.
- Das ist für Sie wichtig.
- Das erfüllt Sie mit Stolz.
- Das macht Sie glücklich.
- Das überrascht Sie.
- Das ist Ihnen unangenehm.
- Das bereitet Ihnen Kummer.
- Das ist Ihnen peinlich.
- Das beschäftigt Sie.
- Das ärgert Sie.
- Das bedrückt Sie.
- Das belastet Sie.
- Das schockiert Sie.
- Das macht Sie hilflos.
- Das stimmt Sie sorgenvoll.
- Das regt Sie auf.
- Das macht Sie mutig.

- Was bedeutet Ihnen das?
- Worauf kommt es Ihnen am meisten an?
- Was ist Ihnen am wichtigsten?

- Was ärgert Sie daran am meisten?
- Was stört Sie daran am meisten?
- Was belastet Sie daran am meisten?

- Was beeindruckt Sie am meisten?
- Was gefällt Ihnen daran am besten?
- Was fasziniert Sie daran am meisten?

Chart 9: Wichtige Gefühlsausdrücke und emotionale Fragen

Wann wenden Sie aktives Zuhören an?

Sie können in einem Gespräch jederzeit aktives Zuhören praktizieren, und zwar ohne Ankündigung oder Vorwarnung. Sie reflektieren einfach ganz plötzlich mit einem emotionalen Statement oder Spiegeln etwas zurück, was soeben gesagt wurde.

Das tun Sie, um emotionalen Rapport herzustellen, um Zeit zu gewinnen und auch um weitere Informationen zu erhalten, die Ihnen sonst wahrscheinlich verborgen blieben.

Dabei können Sie aktives Zuhören beliebig lange anwenden, ganz nach Ihren Vorstellungen. Jederzeit können Sie wieder ins normale Gespräch zurückkehren.

Haben Sie genug getan, um eine emotionale Beziehung herzustellen?

Aktives Zuhören empfiehlt sich vor allem:

- wenn die andere Person deutlich verärgert ist,

- wenn die andere Person anscheinend Probleme hat,

- wenn Sie das Gefühl haben, daß die andere Person gerne mehr über etwas reden möchte, das sie bedrückt,

- wenn Sie die Person wertschätzen (das bedeutet nicht, daß Sie sich für das Problem selbst interessieren müssen),

- wenn der richtige Moment gegeben und genügend Zeit vorhanden ist.

Aktives Zuhören dürfen Sie nicht anwenden:

- wenn es keinen Anhaltspunkt gibt, daß die andere Person unter dem Einfluß eines besonders negativen oder besonders positiven Erlebnisses steht,

- wenn die andere Person dringend Auskunft haben, Fakten wissen, Informationen haben will.

Wenn eine Person Sie fragt, wo die Toilette ist, können Sie nicht antworten: »Sie haben große Not, Sie fühlen sich unwohl!«
Es ist aber Tatsache, daß in den meisten Gesprächen Situationen entstehen, wo sich die andere Person schlecht fühlt. Das kann von vornherein der Fall sein; dann empfiehlt es sich, gleich mit aktivem Zuhören einzusteigen. Diese Situation kann aber auch plötzlich entstehen, wenn Sie beispielsweise einen Vorschlag oder eine Äußerung gemacht haben, die auf Widerstand stößt.

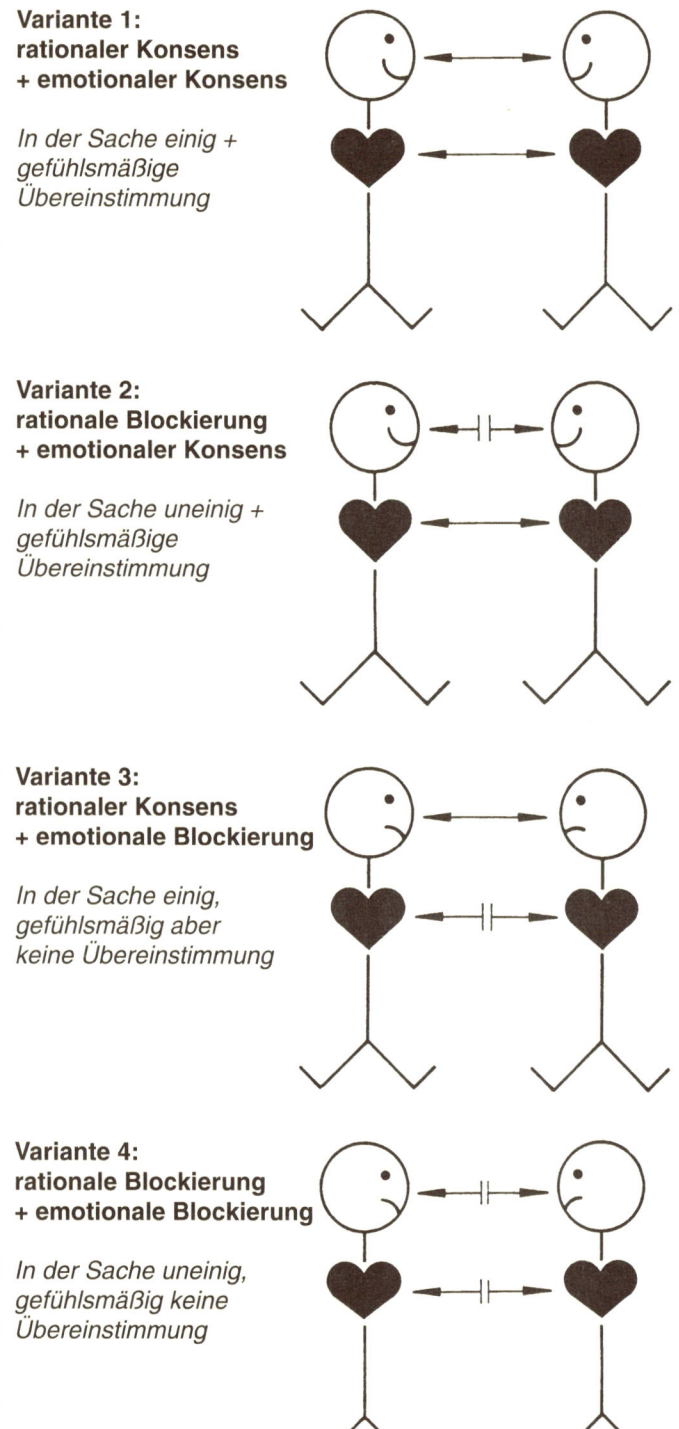

Variante 1:
rationaler Konsens
+ emotionaler Konsens

In der Sache einig +
gefühlsmäßige
Übereinstimmung

Variante 2:
rationale Blockierung
+ emotionaler Konsens

In der Sache uneinig +
gefühlsmäßige
Übereinstimmung

Variante 3:
rationaler Konsens
+ emotionale Blockierung

In der Sache einig,
gefühlsmäßig aber
keine Übereinstimmung

Variante 4:
rationale Blockierung
+ emotionale Blockierung

In der Sache uneinig,
gefühlsmäßig keine
Übereinstimmung

Chart 10:
Die vier
Varianten im
Gespräch

Variante 1:
rationaler Konsens, sachliche Übereinstimmung und zugleich emotionaler Konsens = gefühlsmäßige Übereinstimmung. Das ist die ideale Situation. Leider gibt es sie nur selten. Aktives Zuhören ist in dieser Situation überflüssig.

Variante 2:
die zweitbeste (rationale Blockierung + emotionaler Konsens). Man ist zwar nicht einverstanden, hat aber dennoch gute Gefühle gegenüber seinen Gesprächspartnerinnen und Gesprächspartnern. Dies kann mit aktivem Zuhören erreicht werden. Die Sache selbst kann nicht beeinflußt oder verändert werden. Sie ist vielleicht sogar unangenehm. Aber von den Gefühlen her herrscht Verständnis, Sympathie und Wertschätzung. Diese Situation ist anzustreben bei Gesprächen, wo von Anfang an feststeht, daß die Information oder das Thema für die anderen Personen unangenehm sein wird.

Variante 3:
(rationaler Konsens + emotionale Blockierung) ist gefährlich: Hier ist man gezwungen, einverstanden zu sein, hat aber schlechte Gefühle. Das kann sich langfristig als gefährlich auswirken. Die anderen Personen fühlen sich als Verlierer oder Besiegte. Ein Besiegter trägt den Stachel des Besiegtseins mit sich herum und sinnt auf Rache! Hier ist aktives Zuhören angebracht.

Variante 4:
(rationale Blockierung + emotionale Blockierung) ist unangenehm. Man ist sich absolut uneinig und hat zugleich schlechte Gefühle. Hier drängt sich aktives Zuhören geradezu auf.

Wir unterscheiden in jedem Gespräch zwei Ebenen:

- die rationale Ebene (Sachebene) und

- die emotionale Ebene (Gefühls- oder Beziehungs-
  ebene).

Die rationale Ebene verlangt nach logischen, verstan-
desmäßigen Informationen. Hier ist eine logisch aufge-
baute Argumentation notwendig, die vorbereitet werden muß (siehe nächstes Kapitel).

Die emotionale Ebene verlangt nach etwas ganz anderem. Hier werden gute Gefühle verlangt. Man will sich
wohl fühlen. Hat man schlechte Gefühle, wird die rationale Ebene vernachlässigt. Das Unbewußte steuert den
Kopf eines Menschen.

Somit gibt es in einem Gespräch immer mehrere Situationen, die durchaus aufeinanderfolgen und sich
abwechseln können. Einmal ist man hoch erfreut und
gleichzeitig einverstanden mit dem, was vorgebracht
wurde. Dann wiederum kann man ärgerlich und böse
reagieren; wir sprechen dann von emotionaler Blockierung.

In Chart 10 (»Die vier Varianten im Gespräch«) sehen
Sie, welche Möglichkeiten in einem Gespräch alternie-
rend entstehen können.

*Unangenehmen
Argumentatio-
nen kann man
ausweichen.*

Sie können selbst entscheiden, zu welchem Zeitpunkt und für wie lange Sie in einem Gespräch aktives Zuhören anwenden. Es gibt keine Regel dafür. Sie müssen sich auf Ihr Feingefühl verlassen. Sobald aber die Gesprächsatmosphäre schlecht ist, müssen Sie etwas tun, um diese zu verbessern. Sonst laufen Sie Gefahr, daß Ihre – vielleicht noch so überzeugenden – Argumente gar nicht mehr richtig angehört werden.

Nach meinem Dafürhalten gibt es fast kein Gespräch, keine Verhandlung, keine Sitzung, wo nicht ab und zu aktives Zuhören richtig und notwendig ist.

Was beim aktiven Zuhören verboten ist

Immer dann, wenn Sie ins aktive Zuhören übergehen, sind Sie für Ihre Gesprächspartnerinnen und Gesprächspartner nicht mehr eine selbständige Person, sondern Sie halten der Person einen Spiegel vor, hinter dem Sie sich quasi verstecken. Die Person sieht jetzt nicht mehr Sie, sondern sich selbst. Das bedeutet, daß Sie keine eigene Meinung vertreten dürfen, keine eigenen Argumente vorbringen, nicht werten, kritisieren oder beruhigen dürfen. Sie dürfen auch keine Ratschläge erteilen. Wohlverstanden gilt das nur für die Zeit, in der Sie im aktiven Zuhören verweilen.

Vorige Woche war ich in Paris, und wo waren Sie?

Solange Sie aktiv zuhören und keinen normalen Dialog führen, dürfen Sie nur Gefühle zurückspiegeln oder nach Gefühlen fragen. Sie selbst dürfen sich weder sachlich noch von den Gefühlen her selbst einbringen. Sie sind jetzt kein normaler Dialogpartner. Folgendes ist verboten:

Sich einbringen:
So was ist mir kürzlich auch passiert . . .
Dazu meine ich folgendes . . .

Konkrete Sachfragen stellen:
Wie ist denn das genau passiert?
Wo war das genau?

Werten, qualifizieren:
O verdammt!
So ein Pech!
Das ist aber ganz schlecht!
Das ist ja ausgezeichnet!

Kritisieren, moralisieren, verallgemeinern:
Ja, das ist schon ein Fehler!
Da müßten Sie in Zukunft etwas besser aufpassen.
Ja, ja, so kann es im Leben eben gehen . . .
So was kommt immer wieder einmal vor . . .
Ja, erstens kommt es anders und zweitens als man denkt . . .

Beruhigen, beschwichtigen, trösten, bagatellisieren:
So schlimm ist das ja auch wieder nicht . . .
Nehmen Sie es nicht so tragisch.
Es gibt Schlimmeres . . .
Ihre Sorgen möchte ich auch haben.

Ratschläge erteilen, belehren, warnen:
Da tun Sie am besten gleich folgendes: . . .
Da kann ich Ihnen einen guten und weisen Ratschlag geben. . . .
Lassen Sie sich von einem erfahrenen Fachmann folgendes gesagt sein: . . .
Da müssen Sie sehr aufpassen, das könnte schlimme Folgen haben!

Chart 11:
Lasterkatalog

Es bezieht sich besonders auf die Privat- oder Intimsphäre einer Person, wenn Sie mit ihr ein Einzelgespräch führen. Oft öffnet sich dann jemand in einer Weise, die einem vielleicht schon fast peinlich sein könnte. Man will ja gar nicht in die Intimsphäre vorstoßen. Aber die Erfahrung zeigt eben, daß viele Menschen das Bedürfnis haben, mit jemandem über ihre persönlichen Ängste, Probleme und Nöte zu sprechen. Dann ist gemäß Chart 11 (»Lasterkatalog«) alles verboten, was dort aufgeführt ist.

Vieles, was in diesem »Lasterkatalog« aufgeführt ist, wirkt sich auch in einem normalen Gespräch negativ aus.

Die nachfolgenden Gesprächsbeispiele mögen Ihnen zeigen, wie sich die einzelnen Punkte des »Lasterkataloges« auswirken.

Sich einbringen.
Wenn Sie sofort Ihre eigenen Meinungen, Erlebnisse, Erfahrungen und Standpunkte erwähnen, gelten Sie bald als unsympathisch und belehrend.

- Vorige Woche war ich in Paris.

- Oh! Paris finde ich eine reizende Stadt.

- Wir waren in einer Ausstellung.

- Ja, auch ich war kürzlich in Paris, aber ich habe dort Urlaub gemacht.

- Abends sind wir dann in Montmartre spazierengegangen und haben in einem reizenden Lokal gegessen.

- Das Essen finde ich immer ausgezeichnet in Paris. Da gibt es übrigens ein Lokal in der Gegend, kennen Sie das...?

Für den Uneingeweihten erscheint dieses Gespräch eigentlich ganz normal. Sie aber ersehen daraus, daß laufend Stichworte der Person aufgenommen werden und man selber seine eigenen Erfahrungen und Kommentare einbringt. Das kann auf Dauer lästig wirken. Besser wäre vielleicht:

- Vorige Woche war ich in Paris.

- Ja?

- Wir waren in einer Ausstellung.

- Hm.

- Abends sind wir dann in Montmartre spazierengegangen und haben in einem reizenden Lokal gegessen.

- Da waren Sie vergnügt, und Sie haben das sehr genossen.

Muß denn immer etwas gesagt werden? Manchmal wäre doch ein Reflex wie ein »Ja?« oder ein »Hm« viel besser, oder nicht?

Werten, qualifizieren.
Jeder setzt Maßstäbe, jeder wertet, jeder findet Dinge gut, mittelmäßig oder schlecht. Eine positive Wertung wird zwar gerne gehört, wirkt aber oft als falsches Kompliment. Zudem ist man durchaus nicht immer in der Lage, Leistungen oder Errungenschaften einer anderen Person zu beurteilen. Wie finden Sie das folgende Gesprächsbeispiel?

- Da hatte ich großes Glück, stellen Sie sich vor, ich habe gerade noch meine Aktien rechtzeitig verkaufen können, bevor sie endgültig im Kurs gefallen sind.

- Das ist ja großartig!

- So konnte ich einen größeren Verlust vermeiden. Andere haben mit diesem Papier viel Geld verloren.

- Bravo, das haben Sie gut gemacht!

Wenn etwas schlimm ist, muß man es zeigen.

- Aber wissen Sie, dafür ist mir am gleichen Tag ein Mißgeschick passiert. Ich bin beim Einparken mit meinem Auto rückwärts in einen Laternenpfahl hineingefahren!

- So ein Mist!

- Das hat mich ganz schön geärgert, kann ich Ihnen sagen.

- So etwas ist wirklich ganz schlimm!

Ich will nicht sagen, daß dieses Gespräch grundfalsch geführt wurde. Aber positive Werturteile werden oft als Schmeicheleien empfunden. Negative Werturteile erzeugen Schuldgefühle und Angst. Versuchen wir einmal, dieses Gespräch mit aktivem Zuhören zu führen:

- Da hatte ich großes Glück, stellen Sie sich vor, ich habe gerade noch meine Aktien rechtzeitig verkaufen können, bevor sie endgültig im Kurs gefallen sind.

- Sie haben das Gefühl, gerade noch einmal davongekommen zu sein.

- Ja genau. So konnte ich einen größeren Verlust vermeiden. Andere haben mit diesem Papier viel Geld verloren.

- Sie sind echt froh.

- Schon, ja. Aber wissen Sie, dafür ist mir am gleichen Tag ein Mißgeschick passiert. Ich bin beim Einparken mit meinem Auto rückwärts in einen Laternenpfahl hineingefahren!

- Das ärgert Sie.

- Entsetzlich. So etwas Blödes! Ich komme mir vor wie der letzte Anfänger. Dabei hätte ich bloß ein bißchen aufpassen müssen.

- Sie regen sich über sich selbst auf.

- Wirklich. Aber schließlich gibt es Schlimmeres.

Auf den ersten Blick erscheint hier vielleicht kein so großer Unterschied gegenüber dem ersten Gespräch. Was die Gefühle der Person anbelangt, sind jedoch große Unterschiede vorhanden. Hier spricht die Person ihre Gefühle aus. Das befreit und entlastet sie. Am Schluß findet sie sogar selbst, es »sei nicht so schlimm!«.

Kritisieren, moralisieren, verallgemeinern.
Wir maßen uns manchmal an, unsere Gesprächspartnerinnen und Gesprächspartner zu kritisieren, ihnen Moralpredigten zu halten und mit verallgemeinernden Sprüchen umzugehen, als wären wir über alles erhaben. Damit erzeugen wir eine ungute Atmosphäre und riskieren, daß die andere Person schlechte Gefühle bekommt. Außerdem wirken wir unsympathisch, als Moralist und Besserwisser.

- Gestern habe ich ein großes Geschäft verloren, wir waren einfach zu teuer. Alle Anstrengungen haben nichts genützt.

- Warum haben Sie im Preis nicht nachgelassen? Heutzutage wird eben immer auf die Preise gedrückt, das weiß man ja.

- Ja, aber das konnten wir nicht, sonst gehen wir vor die Hunde.

- Vogel friß oder stirb, heißt es.

- Es ist schlimm, wenn das so weitergeht, müssen wir bald unseren Betrieb schließen.

Mit dieser Art Gesprächsführung macht man alles nur noch schlimmer. Der Gesprächspartner hat nach diesem Gespräch noch schlechtere Gefühle als vorher: Auswegslosigkeit, Hoffnungslosigkeit, eigenes Unvermögen, Gefühle des Versagens und der Verzweiflung. Besser wäre folgendes gewesen:

- Gestern habe ich ein großes Geschäft verloren, wir waren einfach zu teuer. Alle Anstrengungen haben nichts genützt.

- Sie sind sehr enttäuscht und bedrückt.

- Ja, wir müssen uns ganz schön anstrengen, um uns zu behaupten.

- Sie fühlen sich herausgefordert.

- Ich beurteile die Lage zwar als ernst, aber nicht hoffnungslos.

Beruhigen, beschwichtigen, trösten, bagatellisieren.
Wir wollen anderen helfen, ihnen Mut und Hoffnung geben, wenn es ihnen schlechtgeht. Doch dann sagen wir Dinge, die zwar gut gemeint sind, aber genau die entgegengesetzte Wirkung erzielen:

- Mein Hund frißt seit vier Tagen nichts mehr, so ein Jammer!

- Aber das ist doch nicht so schlimm! Der wird sich sicher wieder erholen.

- Der Tierarzt weiß auch nicht weiter. Der Hund ist ja auch schon ziemlich alt.

- Ihre Probleme möchte ich auch haben!

- Man gewöhnt sich halt an so ein Tier.

- Wenn's weiter nichts ist! Es gibt so hübsche, junge Hündchen, kaufen Sie sich eben einen neuen.

- Sie verstehen das nicht. Ich glaube nicht, daß ich jemals wieder einen Hund haben möchte.

Ein groteskes Beispiel, aber wirklich wahr! Ich habe dieses Gespräch zufällig mitangehört. Was da an psychologischen Verbrechen begangen wurde, kann man sich gar nicht vorstellen. Die Person fühlt sich nicht nur unverstanden, sondern auch noch bloßgestellt und lächerlich gemacht. Auch wenn man selbst von der Sache nicht so berührt ist, kann man doch immer die Gefühle des anderen verstehen und akzeptieren!

Wenn ich Übereinstimmung signalisiere, erhalte ich die gleiche Antwort.

Ratschläge erteilen, belehren, warnen.

Hier sind unqualifizierte Ratschläge gemeint. Wenn es Sie und Ihre berufliche Tätigkeit betrifft, sind Ihre Ratschläge selbstverständlich gefragt und notwendig. Dann sind Sie auch kompetent, solche Ratschläge zu erteilen.

Betrifft es hingegen eine mehr intime, private Sache, sind wir meistens nicht kompetent für irgendwelche Ratschläge. Dann trifft zu, was das Wort »Ratschläge« eigentlich bedeutet: »Ratschläge sind auch Schläge!«

Außerdem gehen wir davon aus, daß der Mensch für seine eigenen, persönlichen und privaten Probleme meist selbst eine Lösung weiß. Darauf stützt sich die klientenzentrierte Gesprächstherapie von Carl Rogers:

Der Therapeut hilft also nicht eigentlich, sondern leistet Hilfe zur Selbsthilfe. »Hilf dir selbst, so hilft dir Gott«, steht es geschrieben. Darüber müssen wir häufiger nachdenken, denn wir sind oft zu freigebig und zu spontan mit unseren Ratschlägen.

Jeder Mensch trägt die Lösung zu seinem Problem mit sich herum. Oft genügt ein Anstoß eines Dritten, damit es zum Lösungsvollzug kommt.

Nehmen Sie eine neutrale Haltung ein

Schon im ersten Kapitel habe ich vor einer negativen Einstellung – den anderen Personen in einem Gespräch gegenüber – und vor Mangel an Interesse und Zuwendung gewarnt. Ich habe außerdem empfohlen, daß Sie sich ganz auf einen Menschen konzentrieren, wenn Sie auf ihn zugehen, und ihm Ihre volle Zuwendung schenken, ihn wohlwollend anschauen und sich für ihn als Mensch interessieren.

Nun geht es um Ihre Haltung während der gesamten Dauer des Gesprächs, der Verhandlung oder des Vortrages.

Wenn Sie jemanden ehrlich und dauerhaft überzeugen wollen, müssen Sie vor allem darauf achten, daß Sie Ihre eigene Haltung niemals negativ verändern in einem Gespräch. Wenn es Ihnen gelingt, eine neutrale bis wohlwollende Haltung gegenüber Ihren Gesprächspartnerinnen und Gesprächspartnern, gegenüber Ihren Zuhörerinnen und Zuhörern einzunehmen und auch die ganze Zeit aufrechtzuerhalten, ist das vielleicht das wichtigste überhaupt. Ihr Erfolg ist geradezu abgesichert. Auch wenn Sie nur teilweise oder gar nicht erreichen, was Sie erreichen wollten, werden Sie einen solch positiven Eindruck hinterlassen, daß sich das über kurz oder lang bezahlt machen wird. Man wird Sie anderen gegenüber bevorzugen, die weniger stabil sind und häufig »außer Fasson« geraten.

Sie fragen sich: Wie kann ich diese positive Grundhaltung finden? Wie kann ich mich jederzeit selbst überwinden?

Lassen Sie mich die wichtigsten Punkte erklären, auf die es ankommt. Sie werden damit sicherlich Ihre positive Haltung finden.

Zuwendung muß dauernd aufrechterhalten werden.
Wir haben bereits festgestellt, wie wichtig Zuwendung
für Menschen ist. In einem Gespräch heißt es vor allem,
daß Sie sich selber dauernd etwas zurückstellen. Nehmen Sie nichts persönlich, was andere sagen. Alles, was
man Ihnen sagt, darf Ihnen nichts ausmachen. Sie dürfen nichts auf sich beziehen. Auch wenn man Ihnen
gegenüber ausfällig wird, Sie beschimpft oder beleidigt,
dürfen Sie das nicht stark empfinden. Wenigstens sollten Sie versuchen, so lange wie möglich unverwundbar
zu bleiben.
Dies ist Selbstüberwindung. Vielleicht gelingt Ihnen
diese Selbstüberwindung nicht immer. Aber vielleicht
können Sie sich etwas länger im Zaum halten als bisher. Und vielleicht liegt gerade in diesen wenigen
Minuten, die Sie es länger aushalten, Ihre große
Chance. In vielen Fällen probiert die »andere Seite«
einfach aus, wie lange man durchhält. Sobald Sie es
nicht mehr aushalten, haben Sie verloren. Das wissen
Sie sicher aus eigener Erfahrung. Dann überwiegen
Ihre negativen Gefühle und übertragen sich auf die
anderen. Es entsteht noch mehr Widerstand. Der
Krieg beginnt.
Versuchen Sie, sich ganz den anderen Personen zuzuwenden und sich selber momentan zu vergessen. Diese
Übung – zusammen mit der häufigen Anwendung des
aktiven Zuhörens – ist zugleich eine Übung zur Persönlichkeitsentwicklung. Genau wie beim Sport werden Sie
auch bei dieser Übung an Kraft gewinnen. Mit der Zeit
werden Sie so viel Standhaftigkeit und Ausdauer
bekommen, daß Sie Ihren Gesprächspartnerinnen und
Gesprächspartnern in den meisten Fällen in dieser Hinsicht überlegen sind. Was das für Sie bedeutet, können
Sie selber ermessen.
Im anderen Falle, wenn Sie jede Äußerung Dritter auf
sich beziehen und aus jeder Andeutung einen Vorwurf
oder eine Beleidigung heraushören, dann sind Sie wie
ein Igel mit einwärts gekehrtem Fell. Die Stacheln
gehen nach innen. Jede Berührung, auch die leiseste,
tut weh!

Stellen Sie sich ganz auf die andere Person ein.
Versuchen Sie wahrzunehmen, wie und was sie fühlt.
Gehen Sie auf Gefühlsempfang! Auch hier werden Sie
Fortschritte verspüren. Sie haben große Gefühlsanten-
nen, wie jeder Mensch, Sie müssen sie nur benutzen!
Immer dann, wenn Sie sich ganz auf eine andere Person
einstellen, verlängern Sie Ihre Gefühlsantennen und
werden ständig sensibler. Sie sind in der Lage, die
Gefühle Ihrer Gesprächspartnerinnen und Gesprächs-
partner wahrzunehmen.

Durch anhal-
tende Zuwen-
dung können
Sie Ihre Fähig-
keit, Gefühle
anderer Men-
schen wahrzu-
nehmen, lau-
fend steigern.

Interessieren Sie sich echt für Menschen.
Fragen Sie sich immer, wenn Sie mit anderen Menschen
sprechen und verhandeln: »Was bist du für ein Mensch?
Was für eine Welt steht hinter dir?« Sehen Sie in diesen
Menschen nicht nur Funktionäre, Kunden, Mitarbeiter,
Ausführende einer Tätigkeit, sondern versuchen Sie
stets, diese Personen als Menschen zu erkennen und zu
erleben. Das spüren alle Menschen.
Interessieren Sie sich für die Hintergründe und Gefühle
dieser Menschen. Das wird für Sie eine Bereicherung
sein. Sie lernen wirklich ganz neue Welten kennen, Wel-
ten, die hinter einzelnen Menschen stehen. Manchmal
werden Sie es nicht für möglich halten, was alles in
einem Menschen steckt. Bei jeder Begegnung können
Sie Neues entdecken, Neues hinzulernen. Ihre tägliche
Arbeit wird interessanter und gewinnbringender, weil
Sie bei jeder Begegnung mit einem Menschen eine neue
Welt entdecken.
Ihr Interesse kann auf die Dauer der Begegnung be-
schränkt werden. Es wäre zuviel verlangt, daß sich ein
Chef ununterbrochen für seine Mitarbeiterinnen und
Mitarbeiter, ein Lieferant dauernd für alle seine Kun-
den interessiert. Daran könnte man zugrunde gehen.

**Bringen Sie den anderen Menschen Wohlwollen
entgegen.**
Sie müssen Ihre Gesprächspartnerinnen und Gesprächspartner annehmen und bejahen. Nehmen Sie
sie an, mit allen ihren Fehlern und Schwächen, auch
wenn sie eine ganz andere Meinung vertreten als Sie.
Positive Kräfte siegen immer, auch wenn die anderen

noch so negativ eingestellt sind. Ihre positive Einstellung, die Sie auf andere ausstrahlen und übertragen, wird auch den größten Griesgram mit der Zeit verzaubern.

Verhalten Sie sich neutral, und wahren Sie Distanz.
Halten Sie Ihre eigenen Emotionen zurück. Zeigen Sie keine großen Reaktionen, keine große Anteilnahme, keinen Ärger. Ziehen Sie in Gedanken den weißen Mantel des Therapeuten über. Diese bildhafte Vorstellung hilft Ihnen, ein ruhiges, kontrolliertes Verhalten auszuüben. Die Haltung des Therapeuten ist eine ideale Mischung aus Distanz und Nähe. Der Therapeut will am Patienten teilhaben, ohne ein Teil von ihm zu werden. Er muß in der Welt des Denkens, Fühlens und Wollens des Patienten stehen und sie doch von außen sehen und dabei seine eigene Welt behalten. Es ist ein Sehen mit der Brille des Patienten und gleichzeitig mit der eigenen Brille. Sigmund Freud beschreibt diese Haltung als Distanz und Nähe zugleich.

Eine wohlwollende Neutralität, die dem anderen nur als Mensch begegnet.

Halten Sie Distanz, stellen Sie mit den Armen Nähe her, und zeigen Sie die Lösung.

Emotionale Ich-Botschaften

Wenn alle Stricke reißen, wenn Sie es nicht mehr aushalten, wenn Ihr Temperament mit Ihnen davonrennt, dann ist es aus mit der Selbstbeherrschung. Sie müssen Dampf ablassen, sich irgendwie abreagieren. Sonst zerplatzen Sie noch.

Was ist da zu tun? Wie können Sie sich selbst wieder ruhigstellen und zugleich den anderen signalisieren: »Jetzt ist es aber genug!«, ohne die Verhandlung abzubrechen und wegzugehen? Aufzustehen und wegzugehen ist übrigens gar nicht so falsch, wenn Sie wirklich nicht mehr können.

Die Frage ist nur, wie es dann weitergeht oder ob es überhaupt weitergeht. Verkehrt man anschließend nur noch über Anwälte? Sieht man sich dann vor Gericht? Vielleicht haben Rechtsanwälte deshalb Hochkonjunktur, weil die Leute immer weniger vertragen, immer weniger aushalten.

Ich schlage vor, es zunächst einmal mit emotionalen Ich-Aussagen zu versuchen. Sie haben aufgrund von negativen Äußerungen jetzt schlechte Gefühle. Diese Gefühle sind so negativ, daß Sie sie nicht überwinden können. Das wäre vielleicht auch Selbstbetrug. Sie würden die Achtung vor sich selbst verlieren. So weit darf man nicht gehen. Das hätte ernste Folgen, auch gesundheitlich. Also ist es besser, diese Gefühle auszusprechen. Jetzt und hier. Sagen Sie einfach so ein Gefühl. Basta. Lassen Sie es im Raum stehen.

In Chart 12 (»Emotionale Ich-Botschaften«) sind eine Reihe solcher Aussagen aufgeführt. Eigentlich sind es die gleichen Gefühlswörter, die Sie im aktiven Zuhören verwenden. Nur sagen Sie jetzt beispielsweise nicht:

Ein dialektischer Grundsatz heißt: Wenn du persönlich beleidigt wirst, dann verlasse den Raum!

»Das macht Ihnen zu schaffen!«, sondern: »Das macht **mir** zu schaffen!«

Emotionale Ich-Botschaften wehren unfaire Angriffe ab.

Die Ich-Botschaft kann eine Verhandlung, die zu entgleisen droht, immer wieder auf eine Ebene lancieren, auf der es möglich ist, sie fortzuführen. Verwenden Sie immer dann Ich-Botschaften:

- wenn man Sie persönlich angreift,

- wenn man Sie absichtlich beleidigt,

- wenn man Sie betrügen will,

- wenn man Sie lächerlich machen will,

- wenn man Ihre Integrität anzweifelt,

- wenn man Ihnen falsche Aussagen unterstellt,

- wenn man Sie unter Druck setzen will.

Mit einer Ich-Botschaft kann tatsächlich immer wieder von neuem begonnen werden, auch wenn vorher beleidigende Dinge gesagt worden sind.

Mit anderen Gesprächs- und Verhandlungstechniken, die als »Dialektik« und als »unfaire Dialektik« oder sogar als »Machiavellismus« gelehrt werden, erfolgt eher eine Steigerung der Aggression, die ein positives Ende einer Verhandlung unmöglich macht.

Wenn Sie einen positiven Verhandlungsverlauf und eine Einigung anstreben, können Sie Ihre Verhandlungspartnerinnen und -partner durch Ich-Botschaften von einer Konfrontation abbringen. Sie appellieren damit an ihr schlechtes Gewissen. Mit Ich-Botschaften können Sie auch am besten unfaire Angriffe abwehren. Sie entwaffnen Ihre Angreifer.

Das überrascht mich. Ich bin erstaunt. Ich nehme das sehr ernst. Es liegt mir viel daran. Das gibt mir zu denken. Das macht mich traurig. Das tut mir weh. Das ärgert mich. Das beschäftigt mich. Ich bin gerührt. Ich bin bewegt. Ich habe ein schlechtes Gefühl. Ich bin nicht glücklich mit ... Ich fühle mich persönlich betroffen. Ich bedaure wirklich.	Das belastet mich. Das beunruhigt mich. Das verunsichert mich. Ich bin unsicher. Ich bin im Zweifel. Ich mache mir große Sorgen. Das tut mir sehr leid. Das macht mir zu schaffen. Das ist mir sehr unangenehm. Es beängstigt mich. Ich bin erschüttert. Ich bin verzweifelt. Ich bin entsetzt.	Ich bin beeindruckt. Ich bin froh. Ich bin überzeugt. Ich bin sicher. Ich bin zufrieden. Ich bin erwartungsvoll. Ich bin hoffnungsvoll. Ich bin zuversichtlich. Ich bin begeistert. Ich habe ein gutes Gefühl. Ich bin erleichtert. Ich fühle mich gut. Ich bin glücklich mit ...

Gehen Sie gar nicht darauf ein, wenn man Sie unfair behandeln will. Statt in gleicher Weise zu reagieren, arbeiten Sie lieber mit Ich-Botschaften und verlangen Anstand, Respekt, Höflichkeit und objektive Verhandlungsgrundlagen. Gewährt man Ihnen dies trotzdem nicht, müssen Sie vielleicht doch die Verhandlung abbrechen.

Eine japanische Frau wird ihrem Mann nie ärgerlich widersprechen. Sie arrangiert nur die Blumen um.
(Herbert Marshall McLuhan)

Emotionale Ich-Botschaften machen selbstbewußt.
Durch das Aussprechen Ihrer eigenen Gefühle – wenn es notwendig ist – handeln Sie so, daß Sie sich selbst achten. Sie machen anderen dadurch klar: So bin ich. So

fühle ich, so denke ich, und so sehen meine Wünsche aus. Damit geben Sie anderen Menschen eine fundamentale Orientierung, und Sie signalisieren, wie Sie sich jetzt, momentan fühlen. Sie signalisieren damit auch, daß Sie Ihre sonst positive Grundhaltung momentan verloren haben. Emotionale Ich-Botschaften sind zugleich eine Bitte um Hilfe: »Jetzt fühle ich mich schlecht!«, ohne daß eine anklagende Wirkung entsteht. Dieser Appell an die Hilfsbereitschaft ist meistens erfolgreich. Man äußert keine Vorwürfe oder sagt, was anders gemacht werden sollte. Man schildert lediglich, wie schlecht man sich momentan fühlt. Das erzeugt ein schlechtes Gewissen. Daraus ergibt sich eine relativ große Chance, daß die Verhandlungspartnerinnen und -partner ihr Verhalten ändern. Sie wollen ihr schlechtes Gewissen beseitigen.

Emotionale Ich-Botschaften helfen allerdings nicht, wenn Ihre Verhandlungspartner keine Partner, sondern Gegner sind. Diese würden Ihre emotionalen Ich-Botschaften als willkommene Zeichen der Schwäche begrüßen und bewußt gegen Sie verwenden. Wenn ein

Enttäuschung signalisiere ich auch, aber vorzugsweise bestätige ich. Dabei gewinnen beide.

Feind oder Gegner kein Interesse an irgendeiner Einigung hat, hilft überhaupt keine Verhandlungstechnik mehr.

Bei emotionalen Ich-Aussagen ist absolute Ehrlichkeit notwendig.
Eine Ich-Botschaft kommt nur dann richtig an, wenn das ausgesprochene Gefühl auch wirklich in Ihnen sehr stark dominierend vorhanden ist. Dann stimmt auch Ihre ganze Körpersprache. Ihre Mimik und Gestik betont und verstärkt Ihre Ich-Botschaft. Sonst ergibt sich ein Konflikt zwischen Aussage und Körpersprache. Dann wären Sie in den Augen der anderen Personen ein Selbstbetrüger und Lügner. Dies ist vor allem bei positiven Ich-Botschaften eine Gefahr. Man hört häufig die positive Ich-Botschaft »Ich freue mich« und kann sehr gut beurteilen, daß sich die betreffende Person überhaupt nicht freut. Hüten Sie sich davor, Ich-Botschaften einfach als Floskeln zu benutzen, Sie machen sich damit unglaubwürdig.

Ich-Botschaften eignen sich sehr gut für Kritikgespräche.
Jemanden kritisieren zu müssen ist immer unangenehm. Die rationale Botschaft ist ja auch eine Beanstandung. Damit werden meistens schlechte Gefühle erzeugt. Wenn Sie aber zusätzlich noch einige Ich-Botschaften nennen wie zum Beispiel: »Ich bin erstaunt; ich bin überrascht; es beschäftigt mich, daß Sie diese Arbeit nicht wie sonst erledigt haben«, dann ist das für den zu Kritisierenden ein Appell an sein Commitment, an seine Hilfsbereitschaft. Ich vermeide übrigens die Ich-Botschaft »Ich bin enttäuscht«. Sie hat als einzige einen etwas anklagenden Tenor.

Senden Sie positive Körpersprachsignale

Ich habe bereits darauf hingewiesen, daß Sie Menschen unbedingt anschauen müssen, wenn Sie auf diese zugehen. Augenkontakt ist im Moment der Begegnung unabdingbar. Sonst fühlt sich dieser Mensch innerlich abgelehnt, minderwertig, verachtet und ausgestoßen.

Im Gespräch selbst ist Ihre Körpersprache ebenfalls sehr wichtig. Die meisten Signale, die Sie aussenden, können Sie jedoch nicht kontrollieren.

Drei Körpersprachsignale können Sie allerdings bewußt aussenden. In Chart 13 (»Körpersprachsignale der Zuwendung«) sind sie aufgeführt.

Ihr **Augenkontakt** ist sehr wichtig und muß unbedingt mit der Person, die gerade spricht, gehalten werden. Sobald Sie Ihren Augenkontakt abbrechen, während die Person mit Ihnen redet, vermittelt deren Unbewußtes ihr ganz deutlich: »Mein Gegenüber interessiert sich

Das Senden eindeutiger Signale ist wichtig, um die Atmosphäre einer Veranstaltung zu bestimmen.

Ihre Wirkung wird gesteigert, wenn Sie mit dem ganzen Körper sprechen.

überhaupt nicht für das, was ich sage!« Leider wissen das viele Menschen nicht und halten deshalb diese absolut wichtige Regel nicht ein. Dann wundern sie sich, wenn sie erfolglos bleiben. Es ist unabdingbar, daß Sie jemanden, der mit Ihnen spricht, die ganze Zeit anschauen. Als einzige Ausnahme, die gestattet ist, dürfen Sie auf Ihren Notizblock schauen, um sich eine wichtige Aussage Ihrer Gesprächspartnerin oder Ihres Gesprächspartners zu notieren. Das erhöht noch die

Augenkontakt:
Halten Sie den Augenkontakt vor allem dann, wenn Ihr Partner redet. Schauen Sie ihm locker, wohlwollend in die Zone seiner Augen, ohne ihn zu fixieren.

Leichtes Nicken mit dem Kopf:
Bewegen Sie ganz leicht Ihren Kopf mit einem animierenden, aufmunternden Nicken: »Ich bin ganz da, ich höre aufmerksam zu!«

Freundlicher Gesichtsausdruck:
Zeigen Sie ein offenes, freundliches Gesicht. Die Amerikaner sagen: »Keep smiling«. Damit ist aber nicht unbedingt ein Lächeln gemeint. Lächeln soll man nur, wenn es paßt. Ein freundlicher Gesichtsausdruck drückt volle Zuwendung aus.

Chart 13: Körpersprachsignale der Zuwendung

Wirkung. Sie müssen nur darauf achten, nicht die ganze Zeit mitzuschreiben und die Person gar nicht mehr anzuschauen, das wäre wiederum sehr negativ.

Bei einer Rede oder einem Vortrag ist es übrigens wichtig, daß Sie jeweils nur eine Person anschauen, und das eine gewisse Zeit lang. Reden Sie immer nur mit einer Person, und warten Sie deren körpersprachliche Rückmeldung ab. Holen Sie quasi die Quittung ein für das, was Sie eben gesagt haben.

Zurück zum Gespräch oder zur Verhandlung: Ihr **leichtes Nicken mit dem Kopf**, während die Person redet, hat eine wundersame Wirkung. Nicken können Sie übrigens auch, während Sie etwas notieren. Es ist beinahe unglaublich, wie stark das auf andere wirkt. Unbewußt nehmen die Leute an, Sie seien mit allem einverstanden, was sie sagen. Der Nachteil besteht allerdings darin, daß sie enttäuscht sind, wenn das nicht zutrifft. Sie müssen deshalb darauf achten, daß Ihr Nicken nicht zu ausgeprägt ist, denn sonst wirkt es als Zustimmung. Nicken Sie nur ganz leicht, aber ständig. Damit suggerieren Sie volle Zuwendung und Interesse, Verständnis und Respekt, Wohlwollen und Wertschätzung.

Kleine Kopf-, ja sogar Augenbewegungen fesseln die Zuhörer.

Die korrekte Körperhaltung unterstreicht das Gesagte.

Ihr freundlicher Gesichtsausdruck
ist natürlich ebenfalls von großer Bedeutung. Damit ist
aber herzliche Freundlichkeit gemeint, die von innen
heraus kommt, so wie ich das unter »Ethos« beschrie-
ben habe.

Ihre Körperhaltung ist auch wichtig.
Zu Beginn eines Vortrages oder einer Verhandlung können Sie sich zu einer ganz bestimmten Körperhaltung
disziplinieren. Merkwürdigerweise kehren Sie dann im
Laufe Ihres Vortrages oder Ihrer Verhandlung immer
wieder zu der Haltung zurück, die Sie anfänglich einge-
nommen haben. Warum das so ist, kann ich nicht erklären, kann es aber aufgrund von langjähriger Seminarer-
fahrung bestätigen. Wir haben bei unseren Coachings
und Trainings Videoaufnahmen gemacht, die dies bestätigen.

**Bei einem Vortrag stellen Sie sich zu Beginn ganz
fest auf beide Füße.**
Sie stellen sich bewußt so hin, daß beide Füße Ihr ganzes Gewicht zu je 50 Prozent tragen. Bewegen Sie leicht
die Zehen in Ihren Schuhen, bis Sie die Kraft der Erde
spüren, die über Ihre Beine in Ihren Körper hinein-
strömt. Dann stehen Sie richtig. Diese Körperhaltung
signalisiert Stärke, Commitment, Zuwendung, Inter-

Die Offenheit in der Haltung betont die Offenheit der Aussage.

esse, zugleich aber auch äußerste Konzentration. Auch wenn Sie sich beim Vortragen bewegen – zu den Leuten hin –, werden Sie immer wieder in diese Position zurückkehren. Das verhindert übrigens ein Hinundhergehen, was für die Zuhörer(innen) und Zuschauer(innen) sehr unangenehm ist.

Bei einer Verhandlung setzen Sie sich offen an den Tisch.
Richten Sie sich erst ein, legen Sie Ihr Schreibzeug und Ihre Unterlagen zurecht. Dann breiten Sie die Arme etwas aus und legen die Hände locker auf den Tisch. Diese Körperhaltung signalisiert Offenheit, Aufgeschlossenheit, Zuwendung und Interesse. Sie werden im Laufe des Gesprächs oder der Verhandlung unbewußt immer wieder zu dieser positiven Sitzhaltung zurückkehren.

Was Ihnen
die Körpersprache
der anderen mitteilt

Dadurch, daß Sie Ihren Augenkontakt meistens halten, während eine Person mit Ihnen redet, nehmen Sie auch deren Körpersprachsignale wahr. Sie vergleichen permanent unbewußt alle diese Signale mit dem Inhalt der Botschaft, und Ihr Unbewußtes vermittelt Ihnen die ganze Zeit, ob hier Übereinstimmung oder eine Abweichung vorhanden ist. Herrscht Übereinstimmung, sagt die Person höchstwahrscheinlich die Wahrheit. Im Sinne der Wahrheitsfindung ist das also auch ein wirksames Instrument. Der Begriff »wahrnehmen« drückt aus, daß die Körpersprachsignale, die Sie wahrnehmen, der Wahrheit entsprechen und nicht unbedingt die Botschaft. Besteht die leiseste Inkongruenz zwischen Mimik, Gestik und Körperhaltung auf der einen Seite und andererseits der Botschaft, wird sofort die Botschaft selbst in Zweifel gezogen. Diese Befähigung gehört nach C. G. Jung zum »kollektiven Unbewußten« und ist jedem Menschen schon von Geburt an mitgegeben worden. Die Körpersprache ist ja Millionen von Jahren älter als die gesprochene Sprache.

Körpersprachsignale bewußt zu beurteilen ist nicht ungefährlich. **Ein** Körpersprachsignal allein sagt noch gar nichts aus. Wenn beispielsweise jemand mit verschränkten Armen dasitzt, muß das überhaupt nicht »Ablehnung« bedeuten, sondern es kann eine Ruhestellung sein, die diese Person häufig für längere Zeit einnimmt.

In Chart 14 (»Wichtige Körpersprachsignale der Ablehnung«) ersehen Sie einige von typisch negativen Signalen.

Man kann auch übertreiben . . .

. . . wenn der Redner dies nur überlebt.

Chart 14:
Wichtige
Körpersprach-
signale der
Ablehnung

PATHOS `137`

Den Kopf zurückwerfen:	Trotz, Ablehnung, Ungläubigkeit
Den Augenkontakt abbrechen:	nicht mehr interessiert
Die Zunge leicht herausstrecken:	»Ich will lieber nicht!«
Die Schultern hochziehen:	Unsicherheit
Die Arme vor der Brust kreuzen:	Abwehrhaltung, Ablehnung, Trotz
Die Arme auf dem Rücken kreuzen:	Blockierung
Die Arme seitlich einstützen:	Dominanz, Imponiergehabe
Die Handteller nach unten halten:	unangenehm, abwehren
Eine Faust machen:	aufkeimende Aggression
Der Daumen geht nach oben:	die eigene Dominanz zeigen
Am Ohrläppchen ziehen:	Bestrafungsgeste
An die Nase greifen:	fühlt sich ertappt, Verlegenheitsgeste
Die Augen reiben:	Ärger, Unbehagen
Mit den Händen spielen:	nervös, unsicher
Die Hände falten:	Abwehr, unsicher
»Pistolenhaltung«:	Betonung, Angriff
Den Oberkörper zurückneigen:	Desinteresse, Abneigung
Laut atmen:	nicht einverstanden
Häufig auf die Uhr schauen:	Desinteresse

Diese Signale sind allerdings nie ganz eindeutig. Sie müssen immer im Zusammenhang mit der Vorgeschichte, mit der Situation und im Kontext mit dem Gesagten beurteilt und interpretiert werden. Aber sie können ebenfalls wertvolle Hinweise darauf geben, ob Ihr Gegenüber die Wahrheit sagt. Achten Sie vor allem auf Signale, die diese Person unmittelbar als Reaktion auf Ihre Aussage hin oder während ihrer eigenen Aussage aussendet. Als Faustregel gilt: Es müssen drei bis vier Körpersprachsignale zusammenkommen, damit sie aussagefähig sind. Und sie müssen **reaktiv** sein: Körpersprachsignale, die man während eines längeren Zeitraums aussendet, können auch eine Angewohnheit oder eine Art Ruhehaltung sein (zum Beispiel Arme und Beine verschränken, Zurücklehnen des Oberkörpers, Falten der Hände).

Gehen Sie gezielt
auf Sendung

LOGOS

Nur gezieltes Senden im Sinne des **Logos** kann überzeugen. Logos heißt: der Sinn.
Alles, was Sie senden, muß Sinn machen. Es muß vor allem den Personen Sinn machen, die Sie überzeugen wollen. Sinnvoll ist für den anderen jedoch nur, was von ihm akzeptiert wird. Damit der andere akzeptiert, was ich ihm präsentiere, muß ich es so verpacken, daß ihn diese Verpackung anspricht und er das Paket auspackt. Sonst entwickelt sich kein Gespräch, keine Verhandlung, kein Vortrag. Die Argumente bleiben eingewickelt. Eingewickelt kann sich nichts entwickeln! Entwickeln heißt also: **auspacken**, öffnen, anschauen, analysieren, prüfen, vergleichen. Und dann abwägen und entscheiden.

Was gesagt wird, muß Sinn machen

Sie setzen sich mit Ihrem Gegenüber auseinander

Meine Frau ist mir gegenüber wenig kritikfähig. Ich weiß das. Es hat sicherlich auch seine berechtigten Gründe. Wenn ich meine Frau anrufe und einen Satz so beginne: »Warum hast du nicht . . ?«, dann hört sie nach diesen vier Worten gar nicht mehr zu, braust auf und entgegnet: »Du bist nie zufrieden, dir kann man nichts recht machen!« Sie hat das Paket gar nicht geöffnet, die Verpackung hat sie bereits abgestoßen. Ich habe deshalb gelernt, anders zu formulieren, etwa so: »Du hast das gut gemacht, ich habe für nächstes Mal einen Vorschlag . . . «

Wer redet, muß etwas zu sagen haben. Wer nichts zu sagen hat, redet besser nicht.

Die Argumentation ist in der Überzeugungsarbeit sehr wichtig. Sie brauchen logische, überzeugende Argumente. Das ist sozusagen die Munition. Sie müssen etwas zu sagen haben.

Das ist leider nicht jedem klar. Ich höre manchmal Leuten zu, die einfach drauflosreden, etwa nach dem Motto: »Wie soll ich wissen, was ich denke, bevor ich gehört habe, was ich sage!«

Wie aber kommen Sie zur richtigen Verpackung und zur richtigen Argumentation?

Der Kunde versteht nur seine eigene Sprache. Spricht man mit ihm in einer fremden Sprache, versteht er nicht und kauft nicht.

Bevor Sie die Strategie Ihres Vorgehens bestimmen und Ihre Argumente formulieren, müssen Sie sich ganz intensiv mit den Personen auseinandersetzen, die Sie überzeugen wollen. Je mehr sie über diese Personen wissen, desto besser können Sie das vorbereiten, was diesen Personenkreis am ehesten anspricht.

Ich meine nicht nur die Landessprache, sondern die Sprache seines Denkens, seiner Mentalität, seiner Position, Funktion und Charakterstruktur. Was spricht er denn für eine Sprache? Das ist unsere erste Überlegung.

So wie Sie in den Wald hineinrufen, tönt es zurück

Diesen Spruch kann man auch umdrehen. Wenn ich weiß, wie der Wald zurückruft, bevor ich anfange hineinzurufen, habe ich von Anfang an die richtige Tonart. Sonst riskiere ich eventuell, die falsche Tonart und den falschen Ton zu wählen.

Sie müssen also zuerst einmal erleben, wie die Personen, die Sie von etwas überzeugen wollen, selber agieren, wenn diese ihrerseits Überzeugungsarbeit leisten müssen. So können Sie deren Sprache kennenlernen.

Wir können Menschen nicht schematisieren oder in Schablonen pressen. Jeder ist ein Unikat und eine Welt für sich, so wie ich das zuvor bereits ausführlich dargelegt habe. Ich habe großes Gewicht gelegt auf die Tatsache, daß Sie Ihre eigenen Persönlichkeitsmerkmale erkennen, verstärken und einsetzen sollen. Das gleiche müssen wir aber auch den anderen gewähren. So wie es keine allgemeingültigen Rezepte für »optimales Über-

Die richtige Tonart entscheidet über die Antwort.

Selbstverständlich ist dieser Punkt besonders wichtig.

zeugen« gibt, können wir auch keine zuverlässigen Klassifizierungen der Menschen erhalten, mit denen wir den täglichen Umgang pflegen. Es gibt aber einige Zusammenhänge, die wir kennen sollten, damit wir besser auf unsere Gesprächspartnerinnen und Gesprächspartner eingehen können und uns nicht von Anfang an der »falschen Verpackung« bedienen.

Analysieren Sie Ihre Zielgruppen und Zielpersonen.
Bei Vorträgen ist es natürlich von großem Vorteil, wenn Ihre Zielgruppe homogen ist. Meistens treffen wir diese Situation an. Ihre Zuhörerinnen und Zuhörer sind zum Beispiel Mitglieder eines Berufsverbandes und haben alle dieselben Anliegen und Probleme. Ist die Zielgruppe allerdings heterogen, wird es etwas schwieriger. Dann müssen Sie sehr intensiv nach gemeinsamen Interessen, Wünschen und Zielen suchen, um möglichst alle positiv ansprechen zu können. In Chart 15 führe ich wichtige Kriterien einer Zielgruppenanalyse auf. Versuchen Sie, möglichst viele dieser Informationen zu erhalten, bevor Sie Ihren Vortrag vorbereiten. Es versteht sich von selbst, daß gerade ein Standardvortrag, der eigentlich vom Inhalt her immer gleich wäre, je nach Zielgruppe ganz anders vorbereitet werden muß. Die einen interessieren sich für dieses, für anderes dafür weniger und umgekehrt.

Es gilt, die Argumente gut abzuwägen.

Ein Beispiel:
Eine Maschinenfabrik will eine neue Maschine ankündigen. Je nach Kundenzielgruppe müssen die Argumente ganz anders lauten.

Unternehmer:
interessieren sich für die Anschaffungskosten, Leistung und Amortisationszeit der Maschine sowie dafür, ob sie mit dieser Maschine neue Märkte erschließen und ihre eigene Marktposition verstärken können.

Jede Haltung erzeugt Risiken; haben Sie dies unter Kontrolle?

Technologen:
interessieren sich für die technischen Neuerungen an der Maschine im Detail, die Leistung in genauen Zahlen und im Vergleich.

Benutzer:
interessieren sich dafür, wie diese Maschine zu bedienen ist, was für Personal benötigt wird, welche Erleichterungen im Handhaben entstehen.

Für Verhandlungen ist eine Analyse der verschiedenen Einzelpersonen wichtig. Fragen Sie sich:

- **Was hat die Person für eine Position und Funktion?**

- **Wie steht sie hierarchisch im Unternehmen?**

- **Wie stark ist ihre Einflußnahme auf Entscheidungsprozesse?**

- **Wie wird sie von anderen im Unternehmen beurteilt?**

- **Was hat sie für Präferenzen, Ansprüche, Ziele, Wünsche und Vorstellungen?**

Wer sind die Zuhörer?
Zu wem rede ich?
Wie viele Zuhörer werden kommen?

Wen habe ich vor mir?
Ergründen Sie
- die Altersstruktur,
- das Bildungsniveau,
- die Berufskategorie,
- die Ausbildung,
- die Herkunft,
- die soziale Schicht,
- das Vorverständnis,
- die Position,
- die Erfahrung
Ihrer Zuhörer. Sind es Fachleute oder Laien?

Wie sind die Leute eingestellt?
Welche
- Erwartungen,
- Meinungen,
- Motive,
- Ansichten,
- Vorurteile
haben sie?

Was interessiert diese Leute?
Und was nicht?
Was ist für die Leute wichtig?
Und was weniger?
Was wissen die Leute bereits?
Was wollen die Leute hören?

Chart 15:
Zielgruppen-
analyse

Ich werde in den folgenden drei Kapiteln einmal auf bestimmte Personenzielgruppen eingehen, ohne diese katalogisieren zu wollen. Ich möchte einfach gewisse Erkenntnisse darlegen, die sich mir im Laufe der Zeit eingeprägt haben. So wie sich diese Personen »verkaufen«, so »kaufen sie auch ein«. Das heißt, sie müssen unter Umständen ganz differenziert angesprochen werden.

Die Verpackung muß stimmen und auch die Sprache. So wie sich diese Personen äußern, erwarten sie entsprechende Antworten. Sie reagieren äußerst positiv auf eine vergleichbare Rhetorik mit ihrer eigenen, wenn man mit ihnen redet. Rhetorik kann man anpassen oder modifizieren, ohne sich selbst in seiner Persönlichkeitswirkung verändern zu wollen. Ich kann der gleiche bleiben, aber durchaus eine andere Sprache sprechen. Es ist die Sprache meiner Verhandlungspartner.

Der Körper ist die Verpackung der Sprache; er spricht mit.

Wer ist der Chef, und wie ist er?

Eigentlich sind es immer nur die Chefs, die sich äußern, was oft übersehen wird. Mögen sie Linien- oder Stabsverantwortung haben, sie führen das Wort außerhalb ihrer Unternehmen, sei es bei politischen Auftritten, Anlässen der Verbände oder der Medien. Sie sind aber nicht nur das Sprachrohr des Unternehmens nach außen, sie führen das Wort auch innerhalb ihres Unternehmens. Nicht nur in Sitzungen, sondern auch bei Mitarbeiterveranstaltungen, Jahresausflügen, Jubiläen und – natürlich – auch in allen Krisenfällen. Dürfen in Unternehmen nur die Chefs reden?

Die Rhetorik des Chefs oder der Chefin ist die des Herrn. Er strahlt sachliche und soziale Überlegenheit aus, läßt zwar die anderen zu Wort kommen, hat aber in den meisten Fällen das »letzte Wort«. Das heißt nicht, daß er allein entscheidet, aber eigentlich führt kein Weg

Ganz der Chef ...

an ihm vorbei. Dieser Zustand herrscht noch in den meisten Unternehmen, daran hat man sich gewöhnt.

Jetzt gibt es auch die jungen Chefs.
Sie arbeiten gerne im Team und sind keine absoluten Meinungsführer mehr, weil sie nicht mehr das Wissen haben, alle Aspekte einer bestimmten Situation zu kennen. Sie beraten im Team, sie entscheiden im Team. In Wirklichkeit sind sie keine Chefs mehr. Es handelt sich dabei um eine völlig neue Entwicklung, die ein völlig neues Verhalten erfordert, wenn man solche Leute überzeugen will. Die Teamrhetorik muß den inneren Zustand eines Teams fördern. Hierin liegt eine große Gefahr: Man kann sich in einem Team gegenseitig so begeistern, daß der Bezug zur Realität verlorengehen kann. Gerät ein Team so einmal auf ein falsches Gleis, trifft Fehlentscheide, kann dies für Firmen sehr teuer werden.
Tritt eine Krise ein, braucht man einen Chef. Bei der englischen Barings-Bank zeigte sich, daß kein Chef mehr vorhanden war, der richtig entschied. Prompt ging sie pleite.

Die Krise bringt den Chef wieder an den Tag.
Dies kann auch ein Untergebener, ja sogar ein Berater sein, wenn er im richtigen Augenblick die richtige Lösung hat und das richtige Wort sagt. Untergebene müssen normalerweise vorsichtig sein mit ihrer Rhetorik. Sie laufen ihren Vorgesetzten gegenüber Gefahr, daß sie zu aufdringlich, zu drängend, ja zu erdrückend wirken. Damit ist ihre berufliche Karriere gefährdet, manchmal auch die Stellung. Eine Folge davon ist die weithin gängige unterwürfige Haltung von Untergebenen, die immer nur ja sagen. Dennoch: Niemand macht heute mehr Karriere, indem er seinen Chefs immer nur zustimmt. Beherrscht er als Angestellter die Rhetorik eines Chefs, muß er zwar Risiken eingehen, hat aber große Vorteile. Selbstverständlich muß er nicht nur rhetorisch, sondern auch fachlich gut sein.
Mitarbeiter haben als gute Rhetoriker große Chancen in einer Firma, wenn sie dieses Instrument richtig einzusetzen wissen. Die Firma ist darauf angewiesen, daß

Tue Gutes und rede darüber!

Tue mehr Gutes und rede mehr darüber!

*manchmal
unsicher...*

ihre Mitarbeiter gute Rhetoriker sind, wenn diese im Außenverhältnis auftreten. Ich bekomme immer wieder von meinen Kunden zu hören, daß verschiedene Unternehmen zwar gute Produkte haben, diese aber überhaupt nicht überzeugend darstellen können, weil ihnen die dafür fähigen Mitarbeiter fehlen. So werden sogenannte »Marketingtagungen« zu einer Qual für die Zuhörer.

Darf man Chefs rhetorisch austricksen?
Natürlich nicht, austricksen darf man eigentlich niemanden. Aber es kommt eben doch häufig genug vor. Ein Chef, der seinen besten Mitarbeitern fachlich nicht gewachsen ist, wird sich ohnehin nicht lange behaupten können. Ist er aber rhetorisch auch noch unterlegen, verliert er seine Position noch schneller. Er ist einer sanften Rhetorik, die er gar nicht als solche identifiziert, nicht gewachsen. Das ist das Gefährliche und zugleich Reizvolle an diesem sozialen Instrument der kommunikativen Kompetenz. Derjenige, der es wirklich beherrscht, kann sich damit Vorteile verschaffen, die rhetorisch ungeschickte Menschen nie erreichen oder erhalten.

. . . oder skeptisch.

Darf man als Chef seine Mitarbeiter rhetorisch austricksen?
Natürlich nicht, aber es ist häufig an der Tagesordnung. Wie soll ein durchschnittlicher Mitarbeiter der Rhetorik seines vorgesetzten Direktors oder Generaldirektors gewachsen sein? Er hat keine Chance gegen ihn, er fühlt sich ihm in jedem Falle unterlegen. Das ist vergleichbar mit der Äußerung meiner Frau: »Du, hör auf zu argumentieren, du hast am Schluß sowieso recht!« Sie fühlt sich mir gegenüber rhetorisch derart unterlegen, daß sie gar nicht erst zu argumentieren beginnt. Wirkliche Karrieren beruhen auf den sozialen, menschlichen Fähigkeiten, die eine Führungskraft mitbringen und entwickeln muß. Ein Chef, der seine Mitarbeiterinnen und Mitarbeiter laufend rhetorisch mißhandelt, kann auf Dauer nicht erfolgreich sein. Er vertreibt die kreativen und guten Mitarbeiter und sammelt »Jasager« und Duckmäuser um sich. Solche »tote« Abteilungen werden heute von Unternehmensberatern radikal beseitigt oder saniert.
Gerade derjenige, welcher die Rhetorik gut beherrscht und sich spielend leicht ausdrücken kann, muß diese Eigenschaft bei seinem Gegenüber bewußt und fair einsetzen. Leicht überfährt man den anderen. Dann »macht der zu« und wagt es nicht, etwas einzubringen oder gar zu widersprechen. So kommen niemals neue und gute Ideen auf.

Die Rhetorik und ihre Möglichkeiten nicht zu kennen ist jedoch noch gefährlicher. Wer sich nicht ausdrücken und mitteilen kann, ist bald außen vor und nicht mehr gefragt.

Sind Frauen anders?

Das ist eine sehr heikle Frage, und ich riskiere vielleicht, mich mit diesem Kapitel bei den Frauen unbeliebt zu machen. Ich hoffe das allerdings nicht. An meinen Rhetorikseminaren nehmen meistens auch Frauen teil, allerdings sind sie – leider – bisher in der Minderzahl. Aber ich habe auch schon Rhetorikseminare ausschließlich für Frauen durchgeführt. Ich leite diese Seminare genauso, wie ich es für Männer tue, und stelle grundsätzlich überhaupt keine Unterschiede bei den Teilnehmerinnen gegenüber männlichen Teilnehmern fest. Also könnte ich jetzt sagen: »Frauen sind überhaupt nicht anders!«, und doch sind sie es. Diese feinen Unterschiede versuche ich, ganz dezent und ohne Ressentiments bei den Teilnehmerinnen zu erzeugen, herauszuarbeiten. Viele Frauen beklagen innerlich, daß sie keine Männer sind. Sie sagen mir oft: »Wenn ich ein

*Reden Frauen
wirklich anders?*

Bleiben wir auf dem Boden der Tatsachen.

Mann wäre, hätte ich es leichter!« Das ist grundsätzlich nicht unrichtig. Frauen haben es manchmal schwerer, und dafür sind Männer verantwortlich.

Es gibt Frauen, die die Rhetorik hervorragend beherrschen, doch meist ist dies auf politischem Parkett der Fall, wo sich die Frauen heute einen größeren Spielraum erkämpft haben. **Margaret Thatcher** hat es verstanden, die Menschen mit einer brillanten Rhetorik zu bewegen. Inhaltlich ließ sie sich ihre Vorträge von den besten »Ghostwriters« vorbereiten, die in ihren Fachgebieten jeweils renommierte Experten sind.

Frauen haben keine andere Rhetorik als Männer.
Die Regeln der Rhetorik gelten über das Geschlechtsspezifische hinaus. Da Frauen aber heute vielfach noch nicht die gleichen Machtpositionen wie Männer bekleiden, beziehungsweise oft nicht die gleiche berufliche Sicherheit wie ihre männlichen Kollegen genießen, ist ihre Rhetorik in vielen Fällen von kluger Vorsicht geprägt. Frauen gehen in ihrer Rhetorik aus Gründen der Sicherheit und Machterhaltung meist geringere Risiken ein als Männer, denn wenn eine Frau rhetorisch »abhebt«, wird sie von ihren Kollegen gerne auf den Boden der Tatsachen zurückgeholt, indem man ihr vorwirft, zu theatralisch zu sein. Wenn sich Frauen rheto-

risch zu sehr ereifern und engagieren, wirft man ihnen – im Gegensatz zu ihren männlichen Kollegen – viel schneller eine »böse Zunge« vor, was sicherlich auch mit der archaischen Einstellung zusammenhängt, daß »eine Frau Zurückhaltung üben sollte«. In vielen Kulturkreisen wird die Frau auch heute noch unterdrückt und als minderwertiger Mensch angesehen.

Allerdings gibt es schon Beispiele dafür, wie Frauen, die rhetorisch zu weit gingen, ihre Position verloren haben. Es gab lange Jahre eine erfolgreiche Sprecherin der Grünen. In ihren Fernsehauftritten war sie aber so aggressiv, daß mancher Zuschauer das Gerät abschaltete. Sie ließ niemanden einen Satz zu Ende sprechen, redete allen drein und war spitz, zynisch und böse in ihrer Argumentation. Deshalb wurde sie abgewählt.

Kürzlich mußte eine französische Spitzenmanagerin eines großen Schweizer Konzerns, die bereits als Konzernchefin angekündigt wurde, überraschend ihren Abschied nehmen. Man warf ihr offiziell vor, sie könne nicht kommunizieren. Ihr beruflicher Werdegang war jedoch hervorragend. Was machte sie falsch? Warum redete sie nicht oder viel zuwenig? Warum hatte sie sich so »schlecht verkauft« bei ihren Kollegen? Offensichtlich hatte intern ein Machtkampf stattgefunden, aus dem sie als Verliererin hervorgegangen war. Vielleicht deshalb, weil sie sich als einzige Frau in der kühlen Atmosphäre der obersten Etage des Unternehmens allein gelassen und unterlegen fühlte? Oder fand sie als Französin ganz einfach nicht die Sprache mit den Schweizern? Das wäre allerdings für einen Mann genauso problematisch gewesen.

Frauen handeln isoliert in Männergesellschaften.
In Spitzenpositionen sehen sie sich oft ausschließlich männlichen Kollegen gegenüber und meinen, durch ein betont burschikoses Verhalten »wie ein Mann« wirken zu können. Das funktioniert jedoch nicht. Eine mir bekannte Unternehmerin, deren Namen ich nicht nennen möchte, tritt in ihren Sitzungen mit solch »männlicher Härte« auf, daß sie von den Männern ganz einfach

nicht mehr übertrumpft werden kann. Sie erzählt härtere Männerwitze als ihre Kollegen und glaubt, sich damit Respekt verschaffen zu können. Auch wenn es immer noch richtig ist, daß eine Frau mit beruflichen Karriereambitionen besser sein muß als ein Mann, sollte sie ihre Rolle als Frau niemals aufgeben.

Eine Frau hat rhetorisch mehr Chancen.
Gerade weil viele Frauen zwar große Karriereschritte gemacht haben, aber meist trotzdem nur in die zweite oder dritte Führungslinie gelangen, ist für sie eine gute Rhetorik wichtig, ob sie dies wissen oder nicht. Sie müssen im Innenverhältnis sehr aktiv und deutlich auftreten, vielleicht mit einer eher betont sachlichen, eher unterkühlten Rhetorik. Im Außenverhältnis kann eine Frau ganz ihre rhetorischen Fähigkeiten spielen lassen. Jedes Unternehmen ist stolz darauf, sich nach außen durch eine Frau repräsentieren zu lassen. Auch Medienauftritte bieten Frauen größere Chancen. Erfolgreiche Frauen sind, weil sie immer noch die Ausnahme darstellen, gesucht.

Das Argument
gilt es zu prüfen.

Gibt es rhetorische Tricks für Frauen?

Es sind gar keine Tricks, sondern echte Vorteile, die eine Frau ohne Befangenheit in einer Rede oder bei einem Medienauftritt einsetzen kann.

- Frauen können behaupten, man (Mann) würde sie unterdrücken, gäbe ihnen zuwenig Spielraum im Unternehmen. Mit dieser Behauptung schaffen sie sich einen großen zusätzlichen Handlungsspielraum, denn sie erzeugen ein schlechtes Gewissen bei ihren Zuhörern.

- Frauen können Formulierungen verwenden wie »Aber als Frau...«, »Gerade als Frau...«, »Aus der Sicht der Frau...« Mit solchen Formulierungen schaffen sie sich eine spezielle Position der Bevorzugung, die von Männern aus biologischen Gründen nicht erobert werden kann.

- Frauen können behaupten, sie seien im zwischenmenschlichen Bereich höflicher, sensibler, ganz einfach besser. Dafür liegen in der Praxis zwar keine konkreten Beweise vor, aber gerade diese Argumentation hat vielen Frauen geholfen, zum Beispiel im Personalbereich Karriere zu machen.

Frauen sind tatsächlich häufig etwas emotionaler als Männer. Sie stellen mehr auf das Gefühl als auf den Verstand ab. Sie haben sich, gerade wenn sie ehrgeizig sind, etwas weniger unter Kontrolle als viele Männer, die im Wettbewerb routinierter sind. Es kann aber fest damit gerechnet werden, daß in den nächsten Jahren noch viel mehr Frauen an die Spitze von Unternehmen vorrücken werden. Dies wird den rhetorischen Umgang zwischen Männern und Frauen eher verfeinern und positiv beeinflussen. Kluge charismatische Frauen, die über die gleichen rhetorischen Instrumente verfügen wie ihre männlichen Kollegen, werden rascher Karriere machen als Frauen, die sich eher wie Männer verhalten und allein durch Einsatz und Fleiß brillieren wollen.

Wie begegnen wir den Jungen?

Die meisten rhetorischen »Rezepte« – ich lehne solche Rezepte ohnehin ab und trainiere mit meinen Klienten eine ganzheitliche, ehrliche und offene Verhaltensweise – sind auf Männer zwischen dreißig und sechzig Jahren ausgerichtet. Die eigentliche Kerntruppe, die rhetorisch ausgebildet wird, liegt altersmäßig zwischen vierzig und fünfzig Jahren. Diese Führungskräfte haben Positionen erreicht, wo Rhetorik eine wichtige Rolle spielt. Es ist die Rhetorik der sogenannten Erfolgreichen, derjenigen, die es geschafft haben. Oft schwingt dann eine leichte Überheblichkeit mit. Vor allem stelle ich zuweilen eine gewisse herablassende Erhabenheit fest. So etwas kommt überhaupt nicht gut an.

Ein starker rhetorischer Augenblick: die Akzeptanz.

Die Jungen haben ihre eigene Rhetorik.

Dabei unterscheiden sie sehr zwischen ihrem Verhalten innerhalb und dem außerhalb ihrer Unternehmen. Bill Gates, der kürzlich sein neues Programm »Windows 95« mit großem Werbeaufwand vorgestellt hatte, spielte eine zentrale Rolle bei allen Firmenauftritten nach außen. Er wirkte steif, fast emotionslos, wie eine Ikone. Er bewegte sich nicht und sagte nicht einmal bemerkenswerte Dinge. Die Kommunikationstechnologie spielte eine größere Rolle als er selbst. Ich höre aber von seinen Mitarbeitern, daß er im Umgang mit ihnen sehr umgänglich und ungezwungen ist. Die Kommunikation der meisten jungen Führungskräfte ist tatsächlich viel direkter und offener als die der heute Fünfzigjährigen. Sind sie unter sich, wird zwanglos und kumpelhaft viel geplaudert und auch behauptet. Junge Stars, die Karriere machen, passen sich in ihren Auftritten nach außen oft dem Kommunikationsstil und der Rhetorik der Älteren an. Es handelt sich dabei um ein Schutzverhalten, das sofort wieder abgelegt wird, wenn sie sich in ihrem

Unter Jungen geht es direkter und offener zu.

eigenen, ihnen bekannten Revier bewegen. Am besten begegnet man den Jungen mit einem ebenfalls zwanglosen, offenen und direkten Verhalten.

Die Rhetorik der jungen Sieger scheint sich der Rhetorik der alten Sieger anzupassen. Die neue Offenheit, Lockerheit, Lässigkeit wird im inneren Kreis gefördert und gewahrt. Nach außen wird man steif, formell und oft steril. Schade. Es ist eine meiner Hauptaufgaben, junge Leute aufzufordern, nach außen hin genauso natürlich, offen, charmant und locker aufzutreten, wie sie das sonst tun. Wenn ich mit jungen Menschen zu tun habe, vermeide ich jegliche Formalität gleich von Beginn an und gebe mich so, wie ich mich am liebsten immer gebe, nämlich vollkommen ungezwungen und freiheraus. Das tue ich eigentlich aber auch im Umgang mit älteren Leuten.

Was ist das Ziel meiner Rede?

Was will ich mit meinem Vortrag eigentlich erreichen? Was ist meine Hauptbotschaft?
Diese beiden Fragen müssen Sie sich unbedingt stellen, bevor Sie beginnen, sich vorzubereiten. Bei vielen Vorträgen, die ich mir angehört habe (oder anhören mußte), hatte ich das Gefühl, daß die Person, die da vorne stand, gar nicht so recht wußte, was sie wollte!

- **Was ist mein Hauptanliegen?**

- **Worauf kommt es mir bei diesem Vortrag an?**

- **Was ist für mich in diesem Vortrag das wichtigste?**

Ein handfestes Beispiel.

Diese Fragen ergeben automatisch die Hauptbotschaft. Diese Botschaft können Sie bereits in der Form eines Schlußsatzes ausformulieren. Der Schlußsatz sollte, wenn möglich, Appellcharakter haben. Er sollte eine Aufforderung zum Handeln sein: »Gehet hin und tuet also...!!!«

Wenn Sie diesen Schlußsatz formuliert haben, wird die ganze Rede, die Sie jetzt vorbereiten, auf diesen Schlußsatz hin ausgerichtet sein. Alles hat einen »roten Faden«. Sie werden schrittweise an Ihr Ziel, das heißt an Ihren Schlußsatz, herangeführt. So schlagen Sie thematisch keine Haken. So wird alles viel einfacher für Ihre Zuhörer.

Sie verlieren sich dann auch nicht vom Hundersten ins Tausendste. Sie können abschnittweise, streckenweise vorrücken und weitergehen. Sie wissen von Anfang an, wohin Sie gehen. Sie kennen die Richtung und die Zuhörer auch. Es ist, als wenn Sie auf einer geraden Autobahn fahren würden, die geradewegs auf das Ziel hinführt.

Wie bereiten Sie sich auf eine Rede vor?
In Chart 16 finden Sie eine Checkliste, in welcher alle Punkte der Vorbereitung aufgeführt sind.

Wenn Sie ein Haus bauen, benötigen Sie Material. Sie brauchen Bausteine, Bauelemente, Holzbalken, Ziegel

Wenn Sie beim Reden und Vortragen ein klares Ziel vor Augen haben und schrittweise auf dieses Ziel zusteuern, wirken Sie selbstbewußt und souverän. Sie und Ihre Zuhörer fühlen sich sicher und gut aufgehoben.

Sind wir alle vom Thema fasziniert?

Formulieren des Ziels und der Botschaft

- Was will ich mit der Rede erreichen?
- Was ist meine Botschaft?

Fragen an sich selbst vor dem Aufbau der Rede zum Thema

- Was bedeutet es mir?
- Worauf kommt es mir am meisten an?
- Was gefällt mir daran am besten?
- Was mißfällt mir daran am meisten?
- Was empfinde ich bei . . . ?

Sammeln des Materials

• Thesen	• Argumente	• Tatsachen
• Aussagen	• Beispiele	• Vergleiche
• Schlußfolgerungen	• Höhepunkte	• Gags

Strukturieren

• Anfang (Schilderung des Sachverhalts)	• Hauptteil (These als persönliche Meinung formuliert; Argumentation für Ihre These)	• Schluß (Aufforderung zum Handeln)

Weglassen

- Was die Zuhörer bereits wissen
- Was die Zuhörer kaum interessiert

und vieles andere mehr. Die Menge des Materials wird im voraus sehr genau berechnet – heutzutage mit exakten Computerprogrammen –, um zu vermeiden, daß zuviel angeliefert wird.

Bevor Sie Ihr Material sammeln, sollten Sie sich die folgenden emotionalen, vertiefenden Fragen stellen:

- **Was bedeutet mir mein Thema persönlich?**

- **Was fasziniert mich daran am meisten?**

- **Was beschäftigt mich daran am meisten?**

Die Antworten auf diese Fragen ergeben die Schwerpunkte Ihrer Rede. Stellen Sie jetzt Ihre Thesen und Hauptaussagen zusammen. Dann überlegen Sie sich, mit welchen Argumenten, Beispielen, Zitaten und Höhepunkten Sie dies alles begründen.

Nur den Schlußsatz und die Zitate, die Sie in Ihrer Rede verwenden, sollten Sie schriftlich in ganzen Sätzen ausformuliert festhalten. Notieren Sie ansonsten immer nur Stichworte.

Diese Vorgehensweise bringt Ihnen zwei Vorteile:

1. Sie haben bedeutend weniger Arbeit.
Es ist viel aufwendiger, einen Vortrag vorzubereiten, wenn man ganze Sätze schreibt. Wenn einzelne Abschnitte beziehungsweise Teile der Rede umgebaut werden müssen, wird alles unübersichtlich. Wenn Sie nur Stichworte notieren, können Sie viel leichter im nachhinein Korrekturen vornehmen, ohne alles wieder neu schreiben zu müssen.

2. Sie kommen gar nicht in Versuchung abzulesen.
Die Erfahrung zeigt, daß ausformulierte Sätze, einmal aufgeschrieben, auch so im Manuskript stehen, welches bei der Rede vor Ihnen liegt. Dann ist auch klar, daß Sie diese ablesen werden. Haben Sie nur Stichworte, zwingen Sie sich, frei zu sprechen. Sie können dann Ihre Zuhörer am Prozeß des Vorausdenkens und des freien Formulierens teilhaben lassen. Genau das macht Ihren Vortrag spannend. Das Ablesen von Vorfabrizier-

tem ist schrecklich langweilig (essen Sie gerne Vorgekautes?).

Bei der Vorbereitung einer Rede kann man nicht alles
vorher genau berechnen. Man muß einfach einmal
möglichst viel Material sammeln. In einem zweiten
Durchgang, wenn die Rede eigentlich schon vorbereitet ist, wird alles nochmals überprüft, und man über-
legt sich, was man besser wieder eliminieren sollte. Sie
haben bestimmt viel zuviel Material herangeschafft.
Und das liegt nun herum. Transportieren Sie es jetzt
wieder ab, denn es hat in Ihrem Haus keinen Platz. Es
würde das Haus verunstalten. Muten Sie Ihren Zuhörerinnen und Zuhörern nicht zu, alles anhören zu
müssen. Alles, was nicht gebraucht wird, ist kontraproduktiv.

Befreien Sie sich von überflüssigem Ballast. Viele Rednerinnen und Redner halten sich nicht daran. Bedauer-
licherweise. Deshalb muß man nach beinahe jedem
Vortrag sagen: »Weniger wäre mehr gewesen!« Und
deshalb überziehen viele ihre Redezeit. Und das ist
eine Zumutung für die Zuhörerinnen und Zuhörer.
Es ist eine rhetorische Todsünde, länger zu reden
als unbedingt nötig. Außerdem wirken Sie nicht mehr
souverän.

Die erfolgreichsten Führungskräfte können sehr gut zuhören und reden kein Wort zuviel.

Eine gute Vorbereitung verleiht Sicherheit und zahlt sich aus.

Lassen Sie Ihr Manuskript eine Weile liegen, nachdem es fertiggestellt ist. Nehmen Sie es später noch einmal zur Hand, und gehen Sie Ihre Aufzeichnungen nochmals von vorne durch. Überlegen Sie sich, was Sie weglassen können. Lassen Sie alles weg:

- was nicht unbedingt hineingehört,

- was alle bereits wissen,

- was nicht dem Ziel Ihres Vortrages direkt entspricht,

- was Sie selbst nicht überzeugt,

- was niemanden interessiert (höchstens Sie selbst),

- was zu weitschweifig und zu langatmig ist.

Jedes überflüssige Wort wirkt seinem Zweck direkt entgegen.
(Harry Holzheu)

Bei diesem Vorgang – dem sogenannten Prozeß des Weglassens – sollten Sie Ihr Referat um etwa ein Drittel kürzen. Seien Sie großzügig im Weglassen! Überwinden Sie Ihre fachlichen Bedenken! Streichen Sie, was »eigentlich auch noch gesagt werden müßte«. Auch wenn es Ihnen weh tut – eliminieren Sie alles, was aus der Sicht der Zuhörer nicht unbedingt interessant ist! Dann werden Sie höchstwahrscheinlich verhindern, daß:

Wer mit zwanzig Worten sagt, was er auch mit zehn Worten sagen könnte, ist auch noch zu anderen Schweinereien fähig.
(Aus dem Italienischen)

- Ihr Referat langweilig ist,

- die Zuhörer einschlafen,

- Sie nicht überzeugen,

- Sie Ihre Redezeit überziehen.

Was sind die Ziele meiner Verhandlung?

Sie werden sagen: »Ist doch klar, ich will möglichst viel für mich herausholen!«

Und damit ist die Problematik schon auf dem Tisch. Wieviel ist »möglichst viel«? Das ist doch sehr undeutlich formuliert. Wenn Sie eine Verkaufsverhandlung führen und es um den äußersten Verkaufspreis geht, wie hoch ist denn der äußerste Preis? Wo ist das Limit? Wenn das nicht genau feststeht, geht das Limit immer weiter herunter. Irgendwann ist doch Schluß! Da muß man aufhören, sonst geht man vor die Hunde! Die Schweizer Firma Saurer hat in den USA ihre Textilmaschinen zu derart tiefen Preisen verkauft – die übrigens weit unter den Herstellungskosten lagen –, daß sie in kurzer Zeit Millionenverluste machte. Sie wollte um jeden Preis den US-Markt beherrschen. Um jeden Preis!

Oft setzt man sich ganz einfach deshalb viel zu hohe Verhandlungsziele, weil man vergißt, daß die Verhandlungspartner einen entgegengesetzten Standpunkt einnehmen und bei der Verhandlung ihr Gesicht wahren müssen. Wenn ein Verhandlungspartner seinen Standpunkt diametral ändern muß, verliert er sein Gesicht. Das gehört zu den schlimmsten emotionalen Erlebnissen. In anderen Kulturkreisen (beispielsweise bestimmten Indianerstämmen) kann man ohne Gesicht nicht leben. Wer sein Gesicht verloren hat, bringt sich deshalb um.

Deshalb dürfen Sie von Ihren Verhandlungspartnern nicht zuviel verlangen.

Die Verhandlungsziele sollten realistisch sein. Wahrscheinlich sollte man gerade darum von vornherein einkalkulieren, mehrere Verhandlungen führen zu müssen.

Setzen Sie sich niemals Verhandlungsziele »um jeden Preis«. Der Preis, den Sie dafür zahlen, ist immer zu hoch!

*Hat er meine
Ziele verstanden?*

Ein etappenweises Vorgehen ist strategisch besser, als in einer einzigen Verhandlung »aufs Ganze gehen zu wollen«. Wenn die zu hochgegriffenen Verhandlungsziele nicht erreicht werden, muß man in der nachfolgenden Verhandlung wieder ganz von vorne beginnen, weil die vorhergehende eine totale Niederlage war. Das könnte mit einem Gesichtsverlust Ihrerseits verbunden sein, was sehr schlecht für Sie wäre.

Sie dürfen sich nicht vor der Verhandlung schon fixieren.

Viele Verhandlungspartner verwechseln Ziele mit Positionen. Sie nehmen von Anfang an eine fixierte Position ein: »So und nicht anders!« Dieses Denken verhindert jegliche Verhandlung, denn diese wäre ja dann völlig einseitig. Die Verhandlungspartner müßten ganz einfach alles akzeptieren, was man will. Man gibt ihnen keinerlei Verhandlungsspielraum. So geht es nicht. Verhandlungsspielraum brauchen beide Seiten. Sehr wahrscheinlich hat die andere Seite gewisse Vorstellungen davon, was sie erreichen will. Diese Vorstellungen sind vielleicht unrealistisch, aber die Interessen, die dahinterstecken, wären akzeptabel. Vielleicht lassen sich ganz andere Lösungen finden, die denselben Interessen entsprechen. Die Ziele sind dieselben, nur der Weg ist ein anderer.

Jetzt wird argumentiert.

Denken Sie sich Alternativen aus.
Es ist immer empfehlenswert, sich neben den eigentlichen Verhandlungszielen noch ganz andere Alternativen vorzustellen, die auch möglich wären:

- Was ist die beste Alternative, wenn ich überhaupt nicht durchkomme?

- Was kann ich sonst noch erreichen, damit ich nicht ganz mit leeren Händen nach Hause komme?

- Was für andere Möglichkeiten wären noch denkbar?

Beidseitig feste Positionen lassen Verhandlungen scheitern.
Wenn keine Seite bereit ist, den Rahmen zu erweitern, sondern jeder von Anfang an feste Positionen bezieht, die schon vor der Verhandlung festgestanden haben, gibt es eigentlich gar nichts zu verhandeln. Jede Seite hat die Entscheidung bereits vor der Verhandlung vorweggenommen. Eine solche Haltung hat mit Unverständnis, Egozentrik und Egoismus zu tun. Egozentriker können nicht verhandeln. Sie haben immer recht. Sie sind der festen Meinung, andere Menschen sollten immer nur genau das tun, was sie von ihnen verlangen. Das ist für sie gar nichts Außergewöhnliches, sondern

Die Argumentation wird vertieft.

ganz normaler Habitus. Deshalb denken sie gar nicht daran, den anderen etwas zuzugestehen. Vielleicht sollte man in solchen Fällen auf Verhandlungen verzichten und sich andere Verhandlungspartner suchen.

Bereiten Sie jede Verhandlung in Ruhe vor.
Je besser Sie sich auf eine Verhandlung vorbereiten, desto intensiver können Sie sich den Verhandlungspartnern zuwenden. Das ist identisch mit einer Rede: Je besser Sie den ganzen Stoff beherrschen, desto freier sind Sie beim Vortragen und können sich ganz auf die Zuhörerinnen und Zuhörer konzentrieren. Ihre Verhandlungsziele dürfen Sie nicht improvisieren. »Ich weiß dann schon, was ich will, wenn ich dort bin!« sagte mir ein Verkäufer, als ich ihn fragte, was er beim nächsten Kunden erreichen wolle. So ist ein Erfolg reiner Zufall. Notieren Sie sich in Ruhe, was Sie erreichen wollen. Überzeugende Argumente können auch nicht erst während der Verhandlung gefunden werden. Will man optimal und souverän verhandeln, kann man sich nicht allein auf seine rhetorische Brillanz verlassen. Genau wie dem Redner sein Stichwortmanuskript bringen Ihnen Ihre Notizen die notwendige innere Sicherheit.

Je mehr Verhandlungsziele, desto größer der Spielraum

Wenn beide Seiten nur ein Ziel vor Augen haben, prallen geballte Kräfte aufeinander. Man nimmt immer wieder neue Anläufe, der anderen Seite seine Position darzulegen, man sucht nach immer mehr Gründen, welche diese Position erklären sollen. Damit festigt man zwar seine Position, doch die Gegenseite, die uns diametral gegenübersteht, verstärkt ebenso. Es ist wie bei zwei Tanks, die sich konfrontieren und immer mehr in ihre Stellung eingraben. Nichts bewegt sich mehr. Bald wird geschossen.

Überlegen Sie vor der Verhandlung, was Sie sonst noch alles an Zielen erreichen wollen.
Es gibt sicherlich noch ganz andere Themen, die Sie mit Ihren Verhandlungspartnern besprechen können. Wenn Sie die ganzen bisherigen Erfahrungen betrachten, die Ihre Verhandlungspartner betreffen, was fallen Ihnen da für Punkte ein, die Sie noch besprechen könnten? Wenn Sie überlegen, was Sie in Zukunft langfristig alles noch mit Ihren Verhandlungspartnern im Sinne haben, welche Verhandlungspunkte kommen da zusätzlich in Frage?
In Chart 17 versuche ich aufzuzeigen, daß Sie Ihr wichtigstes Verhandlungsziel relativieren können, wenn Sie noch genügend andere Ziele in der gleichen Verhandlung anstreben und besprechen. Die Kräfte werden in die Breite gezogen und prallen nicht mehr so hart aufeinander. Es gibt Spielraum für beide Seiten. Dadurch, daß Sie selbst immer wieder auf ganz andere Punkte ausweichen können, zwingen Sie Ihre Verhandlungspartner dazu, ihre vielleicht sture Einstellung aufzuweichen und auszuweiten.

Analysieren Sie Ihr Hauptziel.
Das Hauptgesprächsziel ist dasjenige, was Sie auf jeden Fall in der Verhandlung erreichen wollen. Es hat absolute Priorität. Konzentrieren Sie alle Kräfte auf dieses Hauptziel. Kämpfen Sie dafür. Aus diesen Gründen muß das Hauptgesprächsziel unbedingt **realistisch** sein. Sonst ist es ein aussichtsloser Kampf. Verwechseln Sie bitte nicht Ihr langfristiges Hauptziel mit dem Gesprächshauptziel. Es kann sein, daß Sie eine langfristige Strategie anvisieren, deren Endziel bereits feststeht und das natürlich Ihr Hauptziel ist. Das kann aber kaum das Hauptziel für die kommende Verhandlung

Chart 17:
Viele Verhand-
lungsziele
relativieren Ihr
Hauptanliegen.

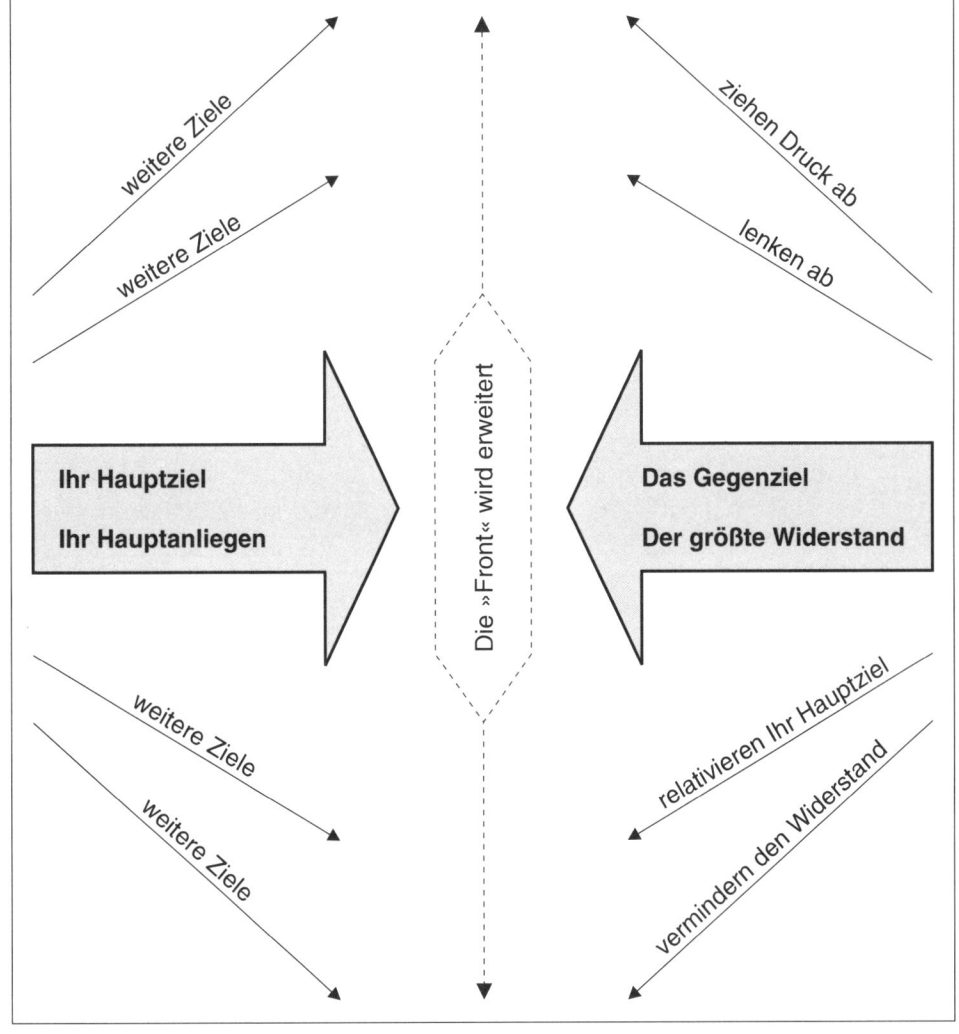

sein. Deshalb müssen Sie sich gut überlegen, was Ihr Hauptziel für das nächste Gespräch, für die nächste Verhandlung ist. Und dieses Ziel wollen Sie auf jeden Fall erreichen. Damit Sie feststellen können, ob Sie dieses Ziel in der Verhandlung auch tatsächlich erreicht haben, muß es **konkret, meßbar und kontrollierbar** sein. Wenn Ihr Hauptgesprächsziel realistisch ist, können Sie dafür kämpfen, können Sie sich überdurchschnittlich dafür einsetzen. Ist es jedoch nicht realistisch für Sie, kämpfen Sie nicht mit genügend Überzeugung.

Ein mögliches **Alternativziel** sollte ebenfalls feststehen. Aus der Differenz zwischen beiden Zielen ergibt sich Ihr Verhandlungsspielraum. Es ist besser, schon vor der Verhandlung genau festzulegen, wie weit Sie eventuell Kompromisse machen und nachgeben wollen. Geben Sie in einer Verhandlung unerwartet nach, so wirken Sie als Verhandlungspartnerin oder Verhandlungspartner unseriös und wenig vertrauenswürdig. Sie riskieren auch, daß Ihre Partner immer mehr Konzessionen verlangen und Sie immer mehr »in die Zange nehmen«.

Setzen Sie sich genügend Nebenziele.
Ich hatte ja bereits empfohlen, daß Sie sich gut überlegen, welche anderen Ziele Sie in der gleichen Verhandlung noch anstreben, über welche anderen Punkte Sie ebenfalls reden wollen, damit Sie die »Front ausweiten« können und damit Ihrem Hauptziel nicht dauernd Widerstand entgegenwirkt. Diese Nebenziele sollten in ihrem Schwierigkeitsgrad unterschiedlich sein. Mit mehreren unterschiedlichen Nebenzielen erhöht sich Ihr taktischer Manövrierspielraum in der Verhandlung. Sie können jederzeit auf eines dieser Ziele ausweichen. Wenn Spannungen entstehen ist es besser, auszuweichen und damit diesen Spannungen entgegenzuwirken.

Vergessen Sie die Standardnebenziele nicht.
Gewisse Ziele gelten für jedes Gespräch und für jede Verhandlung. Gerade weil sie eher genereller Natur sind, vergißt man sie manchmal und programmiert oft

nicht wiedergutzumachende Verärgerung damit vor.
Nach meiner Erfahrung sind die folgenden Nebenziele
unumgänglich:

- einen ruhigen, systematischen Verhandlungsablauf
  gewährleisten,

- die Verhandlungspartner ausreden lassen, nicht
  unterbrechen,

- angenehme Bedingungen schaffen (Getränke, Atmosphäre usw.),

- ein objektives Protokoll erstellen lassen,

- das weitere Vorgehen festlegen: Wer macht bis wann
  was?

Gesprächsziele

Hauptziel:

Alternativziel:

Nebenziele:

Standardnebenziele:

Chart 18:
Liste Ihrer
Gesprächs-
und Verhand-
lungsziele

Erstellen Sie eine Liste mit allen Ihren Gesprächszielen.

Nehmen Sie diese Liste mit, und legen Sie diese bei der Verhandlung vor sich hin.

In Chart 18 schlage ich Ihnen vor, wie diese Liste aussehen sollte.

Diese Liste enthält alle Ihre Ziele, die Sie vorbereitet haben. Sie ist nicht etwa eine Traktandenliste mit den Besprechungspunkten, wo man oben anfängt und unten aufhört. Genau darin unterscheidet sich diese Liste grundsätzlich. Sie können in der Verhandlung zwischen den verschiedenen Zielen hin und her manövrieren. Entsteht beim Anvisieren eines Gesprächsziels eine Verhärtung der Standpunkte, können Sie eventuell auf ein anderes Gesprächsziel ausweichen, das leichter zu erreichen ist. Das bringt Entspannung. Oder Sie gehen auf ein noch schwierigeres Ziel über, das bringt weitere Spannung. Gehen Sie aber zurück auf das erste Ziel, ergibt sich weitere Entspannung.

In Chart 19 stelle ich dar, wie Sie gesprächs- und verhandlungstaktisch manövrieren können.

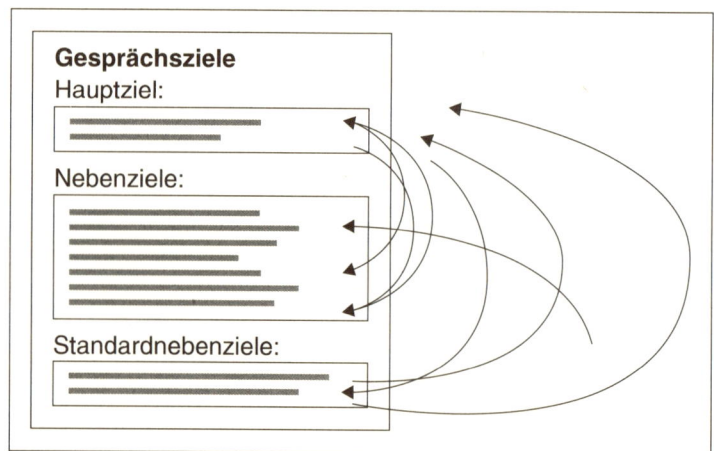

Chart 19: Taktisches Manövrieren zwischen Ihren Gesprächszielen

Beim Manövrieren entscheiden Sie jeweils situativ und momentan, auf welches Nebenziel Sie jetzt ausweichen wollen.

Die Reihenfolge in der Bearbeitung der verschiedenen Gesprächsziele soll sich erst in der Verhandlung selbst ergeben. Diese Freiheit bedeutet taktischen Spielraum. Dieser taktische Spielraum ist abhängig von der Anzahl und vom unterschiedlichen Schwierigkeitsgrad der verschiedenen Gesprächs- und Verhandlungsziele. Je mehr Ziele Sie vorbereitet und aufgelistet haben und je größer die Unterschiede im Schwierigkeitsgrad sind, desto größer ist auch Ihr taktischer Manövrierspielraum.

Ein Manöver wird abgewehrt.

Sammeln Sie partnerbezogene Argumente

Sie sollten niemals ein Gespräch oder eine Verhandlung führen, ohne vorher alle notwendigen Argumente bereitgestellt zu haben. Sie brauchen rationale Argumente, um Ihre Verhandlungspartner rational ansprechen zu können. Diese Argumente sind notwendig, damit Sie Ihre Verhandlungsziele erreichen. Dabei müssen Sie genau abwägen, welche Argumente für Ihre Gesprächspartner von Bedeutung sind und welche weniger. Sie müssen sich mit Ihren Verhandlungspartnern vorher befassen, ihre Interessen und Probleme möglichst im voraus kennen.

Sie brauchen partnerorientierte Argumente.
Diese Argumente müssen nicht nur aus Ihrer Sicht, sondern auch aus der Sicht Ihrer Gesprächspartnerinnen und Gesprächspartner die richtigen sein. Argumente

Das ist wirklich kein glaubwürdiges Argument.

Ein Vorteil Ihres Angebotes muß immer ein Problem Ihres Partners lösen:	Hat er dieses Problem nicht, ist es für ihn kein Vorteil.
Ein Argument muß immer auf das Interesse des Partners stoßen:	Hat er kein Interesse, ist das Argument nichts wert.
Ein Angebot muß immer auf einen konkreten Bedarf stoßen:	Ist kein echter Bedarf vorhanden, taugt das Angebot nichts.
Ein Vorschlag Ihrerseits muß immer für den Partner realistisch sein:	Ist er das nicht, wird ihn der Partner ablehnen.
Eine Idee muß für Ihren Partner immer Vorteile haben:	Sieht er für sich keine Vorteile, weist er sie zurück.
Ein Anliegen muß auch für Ihren Partner interessant sein:	Ist es für ihn ein uninteressantes Anliegen, lehnt er ab.
Eine Begründung muß auch für Ihren Partner plausibel sein:	Leuchtet ihm Ihre Begründung nicht ein, weist er sie zurück.

sind nur dann richtig, wenn sie in einem direkten Bezug zu den Interessen und Problemen, Sorgen oder Nöten, Freuden oder Leiden, Gefahren oder Risiken Ihrer Verhandlungspartner stehen.

Erstellen Sie schriftlich eine Liste Ihrer Argumente. Führen Sie neben jedem Argument die Interessen und Probleme auf, die Sie damit bei Ihrem Gesprächspartner ansprechen. Führen Sie stichwortartig auf der rechten Seite auf, welche Sorgen oder Nöte, Freuden oder Leiden, Gefahren oder Risiken Sie ansprechen und welche Konsequenzen ein Nichtbefolgen Ihrer Ratschläge für Ihren Partner hätte:

Argumente	Partnerprobleme
Vorteile	betreffen welche Interessen?
Vorschläge	betreffen welche Probleme?
Ideen	betreffen welche Sorgen?
Anliegen	betreffen welche Nöte?
Gründe	betreffen welche Freuden?
	betreffen welche Leiden?
	bergen welche Gefahren?
	bergen welche Risiken?
	bringen welche Konsequenzen?
	verursachen welche Alpträume?

Alle Argumente und Aussagen müssen partnerbezogen sein. Ichbezogene Aussagen kommen nicht an und erwecken Ärger, Ungeduld und Unmut Ihres Gesprächspartners.

Situation	Ichbezogene Aussage	Partnerbezogene Aussage
Sie wollen eine Wohnung vorzeitig kündigen:	Ich muß sofort ins Ausland umziehen.	Ich besorge Ihnen einen Mieter, der Ihnen angenehm ist.
Sie möchten eine Gehaltserhöhung:	Wir brauchen eine größere Wohnung und ein größeres Auto.	Meine Leistungen sind wesentlich gestiegen. Sie verdienen an mir mehr Geld.
Sie möchten die Lieferzeit verkürzen:	Ich will nicht so lange warten. Dazu fehlt mir die Geduld.	Wenn Sie mich so lange warten lassen, schadet das Ihrem Image und letztlich auch Ihrem Umsatz.
Sie beantragen einen Kredit:	Ohne diesen Kredit gehe ich pleite. Sie müssen mir einfach helfen.	Mit diesem Kredit machen Sie mich zum langjährigen Kunden. Ich werde dann auch andere Geschäfte mit Ihnen machen können.

Beispiele von ichbezogenen und partnerbezogenen Aussagen

Widerstand läßt sich vorausbestimmen

In fast jedem Gespräch, sicherlich aber in jeder Verhandlung werden Sie auf Widerstand stoßen. Sonst ist das weder ein Dialog noch eine echte Verhandlung. Eine Einwegkommunikation – »So wird das gemacht, ich dulde keine Widerrede!« – ist eigentlich keine Kommunikation, sondern nur eine Information. Sie könnte ebensogut schriftlich erfolgen. Solche »Befehlsausgaben« sind auch notwendig, besonders in Situationen, »wo es brennt«. Wurde vorher zu lange gezögert, gezaudert, abgewogen, abgewartet und hinausgeschoben, muß vielleicht jemand die Initiative ergreifen und einfach Befehle erteilen, damit endlich etwas geschieht. Ich lehne das überhaupt nicht ab, ganz und gar nicht. Schon zu viele Unternehmen sind daran gescheitert, weil dringend notwendige Entscheidungen und Maßnahmen immer wieder hinausgeschoben wurden.

In einem echten Dialog und in einer Verhandlung hingegen müssen Sie Ihren Gesprächspartnerinnen und Gesprächspartnern eine andere Meinung, andere Ansichten und Vorschläge, Zweifel und Bedenken, Widerstand und Einwände gewähren. Diese haben genauso wie Sie das Recht, in dieser Welt zu leben. Und damit haben sie auch das Recht auf eine andere Meinung.

Auch im privaten Bereich gibt es kaum Gespräche ohne Einwände. Kommen gar keine Einwände beziehungsweise kommen keine Einwände mehr, dann ist das Verhältnis meist gestört. Man hat sich nichts mehr zu sagen, man redet nicht mehr miteinander. Man hat total resigniert, weil man im voraus weiß, daß der andere stur und uneinsichtig bleiben wird. Oder man hat Angst vor dem anderen. Angst vor seinen Reaktionen, vor Bestrafung. Dann ist die Lage allerdings bedenklich!

Einwände sind etwas Natürliches.
Meistens sind Einwände auch ein Zeichen von Interesse. Es wäre also logisch, wenn wir gegenüber Einwänden, die unsere Gesprächspartnerinnen und Gesprächspartner vorbringen, eine grundsätzlich positive Einstellung einnähmen.
Trotzdem ärgern uns die meisten Einwände. Weshalb eigentlich?
Den Ärger verursachen wir uns selbst, nicht unsere Gesprächspartner. Es liegt also an uns, unsere Einstellung zu den Einwänden zu verbessern. Versuchen Sie, zu den Einwänden die positive Einstellung zu finden!
Um auf der rationalen Ebene den Einwänden unserer Gesprächspartner richtig zu begegnen, brauchen wir stichhaltige Antworten, Gegenbeweise, Gegenargumente zu jedem Einwand. Fehlen solche, wird es Punkt für Punkt rationale Gründe gegen unsere Gesprächsziele geben. Wir können dann unsere Verhandlungsziele unmöglich erreichen.

Wenn zwei Menschen immer wieder die gleichen Ansichten haben, ist einer davon überflüssig.
(Winston Churchill)

Es gibt Menschen, die sich immer angegriffen wähnen, wenn jemand seine Meinung ausspricht.
(Christian Morgenstern)

Wir ärgern uns aus den folgenden Gründen:

- Wir sind ungeduldig.
- Wir fühlen uns persönlich angegriffen.
- Wir haben den Eindruck, daß man uns nicht richtig zugehört hat.
- Wir haben zuwenig Verständnis für den Partner.
- Wir mögen es nicht, daß man uns widerspricht.
- Wir nehmen zwar für uns in Anspruch, eine eigene Meinung zu haben, gestehen aber dasselbe Recht unserem Partner nicht zu.
- Es ärgert uns, immer die gleichen Einwände hören zu müssen.
- Wir sind zu bequem, um lange Debatten zu führen.
- Wir fühlen uns in Frage gestellt.
- Wir fühlen uns verletzt.
- Wir haben das Gefühl, daß man uns mißtraut.

Zur Vorbereitung einer Verhandlung gehört, daß wir uns gut überlegen, welche Einwände unsere Partner vorbringen werden.

Vorausgesetzt, daß Sie einigermaßen gut Bescheid über Ihre Verhandlungspartner und deren Anliegen wissen, können Sie ziemlich genau bestimmen, welche rationalen Einwände sie Ihnen entgegenbringen werden. Ich spreche von sachlichen und stichhaltigen Einwänden, von Bedenken, Zweifeln, Gegenargumenten und Erfahrungen und nicht von Vorwänden, Ausreden, Ausflüchten, Notlügen und unbestimmten inneren Zweifeln.

Es geht vorerst darum, ob wir zu möglichen – berechtigten oder unberechtigten – Einwänden überzeugende Antworten und Gegenbeweise haben.

Erstellen Sie vor jeder Verhandlung eine detaillierte Liste der Einwände, die Sie von Ihren Verhandlungspartnern erwarten. Überlegen Sie sich dann in Ruhe, welche Antworten Sie darauf geben können. Ihre Antworten müssen einleuchtend, klar, schlagkräftig und überzeugend sein.

*Haben Sie das
verstanden?*

Einwände des Partners	Meine Antworten darauf
• Zweifel • Bedenken • Schlechte Erfahrungen • Vorurteile • Falsche Informationen	• Beweise, Gegenbeweise • Gegenargumente • Referenzen • Beispiele • Statistiken • Erfahrungen • Aussagen • Schriftstücke • Zeugen

Sie werden erfahren, daß sich dieser Aufwand wirklich lohnen wird. Sie werden kaum noch überrascht werden. In der Verhandlung wird es vielleicht gar nicht so viele Einwände geben, wie Sie erwarten. Und Sie haben Ihre Antworten darauf bereit. Das macht Sie sicher. Sie können gar nicht mehr verunsichert werden.

Außerdem werden Sie feststellen, daß Partner oft gleiche oder ähnliche Einwände vorbringen. Die Arbeit, die Sie leisten, ist deshalb eigentlich eine Einmal-Arbeit. Wenn Sie Ihren Katalog möglicher Einwände und passender Antworten über einige Zeit lang vervollständigt haben, werden Sie immer seltener neuen Einwänden begegnen.

Was tun,
wenn es nicht rund läuft

Fallen Sie nicht auf Tricks herein.
Selbstverständlich beherrschen auch andere die Technik der Rhetorik, des Überzeugens und des Verhandelns. Möglicherweise sind Sie konfrontiert mit einer Person, die Ihnen in allen drei Kriterien überlegen ist. Was nun? Woran erkennen Sie die Tricks? Tricks werden meistens unerwartet angewendet. Das Überraschungsmoment selber ist einer der Tricks. Es zeigt sich durch ein plötzlich ganz anderes Verhalten:

- Wenn jemand plötzlich sehr freundlich wird, der vorher eher unwirsch war, kann wahrscheinlich »etwas nicht stimmen«. Will man Sie in Sicherheit wiegen oder einlullen?

- Man macht Ihnen ganz unerwartet einen sehr angenehmen Vorschlag. Wo liegt da der Haken?

- Jemand verläßt den Raum, ohne sich zu entschuldigen. Was ist passiert? Was wird die Person unternehmen? Fragen Sie sofort nach. Vielleicht ist das ganz harmlos. Vielleicht auch nicht.

- Man wiederholt immer die gleiche ablehnende Aussage, wie zum Beispiel: »Ich weiß, ich verstehe das sehr gut, aber ich kann im Moment einfach nicht entscheiden!« Diesen Satz kann man beliebig wiederholen, ganz gleich, was immer die anderen sagen. Ich nenne das: »Die Schallplatte mit dem Sprung.« Sie kann einen zur Verzweiflung bringen.

- Man provoziert Sie bewußt, indem man mit Ihnen plötzlich aggressiv umgeht. Was soll das? Was ist los?

- Man beleidigt Sie. Da gibt es nur eines: Sie verwenden eine emotionale Ich-Botschaft wie beispielsweise: »Was Sie da sagen, das tut mir weh!« oder »Jetzt bin ich persönlich betroffen, das geht mir sehr nahe!« oder »Ich bin erschüttert, das nehme ich sehr ernst!«

Wenn diese emotionalen Äußerungen, die einen sehr starken Appellcharakter an die Hilfsbereitschaft der anderen Seite haben, nichts nützen und wenn Sie selbst das Gefühl haben, daß Sie bald Ihre Beherrschung verlieren, müssen Sie wahrscheinlich die Konsequenzen ziehen. Brechen Sie die Verhandlung an diesem Punkt ab, aber versuchen Sie, diese zu vertagen. Bleiben Sie jedoch auf alle Fälle ruhig und gefaßt, auch wenn Sie die größte Lust verspüren, mit einem Krach wegzugehen und die Türe kräftig zuzuschlagen!

Wie vertagen Sie eine Verhandlung?
Wenn Sie sehen, daß Sie nicht weiterkommen, ist es besser, die Verhandlung abzubrechen und einen weiteren Besprechungstermin vorzuschlagen. Legen Sie möglichst jetzt schon im Einverständnis mit der anderen Seite einen neuen Termin fest, und versichern Sie sich, daß bis dann nichts Gravierendes entschieden wird. Sie können die Vertagung so begründen, daß Sie selber nicht zuständig seien, daß Ihre Geschäftsleitung (oder andere Ansprechpartner) zunächst informiert werden müßte. Das kann effektiv zutreffen, kann aber auch Taktik sein. Wichtig ist, daß Sie die andere Seite bitten, ebenfalls bis zur nächsten Verhandlung »über die Bücher zu gehen« und ihren Standpunkt oder ihre Forderungen genau zu überprüfen. Was auch noch ganz wichtig ist: Machen Sie am Schluß keine positive, sondern eher eine negative Bemerkung. Wenn Sie zum Beispiel bei der Verabschiedung sagen: »Ich bin sicher, daß wir einen Weg finden werden«, ist das für Sie gefährlich. Die anderen denken: »Die werden schon noch von ihrem

hohen Roß herunterkommen!« Die Zeit arbeitet gegen Sie. Wenn Sie aber sagen: »Ich kann Ihnen da keine großen Hoffnungen machen«, denken Ihre Verhandlungspartner: »Da ist wahrscheinlich nichts zu erwarten, die bleiben hart.« So arbeitet die Zeit bis zur nächsten Verhandlung **für** Sie.

Unterbrechen Sie die Vielredner.
Wenn jemand dauernd weiterredet, ohne aufzuhören, ist das sehr unangenehm. Es ist außerdem für beide Seiten unproduktiv, denn man kommt aus dem Dialog heraus. Zu vieles wird hintereinander vorgetragen, ohne daß man auf die verschiedenen Punkte eingehen kann.
Jemanden zu unterbrechen ist eigentlich unhöflich. Viele Verhandlungspartner haben allerdings die üble Angewohnheit, einen dauernd zu unterbrechen, so daß man keinen einzigen Satz zu Ende führen kann. Das ist das umgekehrte Extrem. Auch das ist sehr unangenehm und unproduktiv. Sie müssen in einem solchen Fall um Ihr Wort kämpfen. Das ist zwar etwas autoritär, aber Ihre einzige Chance, Ihre Aussagen zu Ende zu führen, damit sie verständlich sind.

Wie unterbrechen Sie aber einen Vielredner, ohne unhöflich zu sein? Machen Sie das mit **partnerorientiertem Unterbrechen**. Sie nennen einfach ein emotionales Statement, das zu den Äußerungen des Vielredners paßt. (Ich verweise auf das Kapitel Pathos, Chart 8.) Damit können Sie jeden unterbrechen, ohne daß der Betreffende schlechte Gefühle bekommt oder Ihr Unterbrechen als unhöflich empfindet. Die Person wird dann nicht mehr weiterreden, sondern auf das vorher Gesagte zurückkommen, es vertiefen und weiter begründen. Dadurch erhalten Sie weitere, wichtige Informationen und haben dann selber Gelegenheit, auf das Gesagte einzugehen. **Nennen Sie den Namen der Person, bevor Sie ein emotionales Statement abgeben.** Hier ein Beispiel, wie es sich bei einer meiner Verhandlungen zugetragen hat:

Aussagen des Partners	Partnerorientiertes Unterbrechen
Wir sind einfach dazu gezwungen, auf unserem Standpunkt zu bleiben. Wir haben genaue Anweisungen, so zu verfahren. Und außerdem sind ja noch die weiteren Auswirkungen zu berücksichtigen. Da gibt es . . .	
	Herr Müller . . . (Pause) Sie sind unsicher
Ja, eigentlich schon.	
	Sehen Sie, ich wollte Ihnen folgendes sagen . . .

Böses Blut wird abgebaut. Ende gut, alles gut.

Wer hat das Sagen?
Bei mehreren Verhandlungspartnern hat meistens eine Person mehr zu sagen als alle anderen. Sie ist entweder einfach der Meinungsmacher oder aus hierarchischen oder organisatorischen Gründen letztlich die Entscheidungsperson. Auf sie kommt es besonders an.
Dieser Person müssen Sie in der Verhandlung besondere Zuwendung und Aufmerksamkeit schenken. Geben Sie vor allem **ihr** die Argumente, die **sie** überzeugen. Wenn Sie diese Person überzeugen können, haben Sie meistens gewonnen. Sie wird dann die anderen in Ihrem Sinne positiv stimmen, sei es kraft ihrer Position oder fachlichen Zuständigkeit.

Wie können Sie aber herausfinden, wer diese entscheidende Person ist, wenn sie sich zurückhält?
Mehr und mehr halten sich solche Personen bewußt zurück. Sie wollen die anderen nicht dominieren, sie möchten nicht als autoritär eingeschätzt werden. Beobachten Sie die Körpersprache Ihrer Gesprächspartner genau. Es wird Ihnen bestimmt auffallen, daß **eine Person** von allen anderen immer wieder angesehen wird. Bevor jemand etwas sagt, richtet er seine Augen auf diese Person. Nachdem derjenige seine Äußerungen vorgebracht hat, schaut er sie wieder an, als wolle er fragen: »Darf ich etwas sagen?« und »Sind Sie einverstanden?« Wenden Sie sich jetzt verstärkt an diese Person. Stellen Sie ihr gezielte Fragen, um ihre Meinung zu erforschen. Passen Sie jedoch auf, daß Sie nicht ausschließlich mit dieser **starken Person** einen Dialog führen und die anderen Anwesenden vernachlässigen. Das könnte böses Blut bilden. Gerade dann, wenn eine Person auf der anderen Seite des Verhandlungstisches über einen längeren Zeitraum nichts mehr gesagt hat, kann das für Sie ungünstig werden. Sie könnte plötzlich das Wort ergreifen und sich gegen Sie stellen, weil sie sich – unbewußt – von Ihnen übergangen fühlt. Wenden Sie sich besonders der starken Person zu, aber beziehen Sie alle anderen Personen ebenfalls in den Dialog mit ein.

Soll ich zustimmen oder ablehnen?

Diese Frage stellt sich mehrmals in jeder Verhandlung. Sind Sie mit einer Forderung konfrontiert, die Sie nicht ohne weiteres annehmen können, oder verlangt man mehr von Ihnen, als Sie leisten können, so sind Sie im Zugzwang. Wenn Sie Ihrerseits eine Forderung stellen, die von der anderen Seite abgelehnt wird, sind Sie in der gleichen Situation. Sie müssen sich also entscheiden, ob Sie auf Ihrem Standpunkt beharren oder nachgeben wollen. Eine schwierige Entscheidung! Schon oft hat Beharrlichkeit schließlich zum Ziel geführt. Die gleiche Beharrlichkeit hat aber auch – vielleicht ebensooft – eine Beziehung gefährdet oder sogar zerbrochen.

Lassen Sie sich auf jeden Fall genügend Zeit.

Lassen Sie sich auf gar keinen Fall unter Druck setzen. Das ist übrigens auch ein oft angewendeter Trick. Wenn man Ihnen beispielsweise sagt: »Wir entscheiden uns noch heute, wenn Sie also jetzt nicht zusagen, ist für Sie der Zug abgefahren!«, so ist das eine – vielleicht beabsichtigte – Erpressung.

Lassen Sie sich niemals erpressen!

Versuchen Sie, Zeit zu gewinnen. Schlagen Sie vor, eine Pause zu machen. In der Pause ergibt sich vielleicht die Gelegenheit, mit einem einzelnen Verhandlungspartner der anderen Seite ein informelles Gespräch zu führen. Die Person sagt Ihnen ihre eigene, persönliche Meinung, und Sie erfahren vielleicht, daß alles doch nicht so bedenklich ist, wie es im Konferenzzimmer ausgesehen hat.

In der Pause können Sie vielleicht in Ihrem Unternehmen anrufen (aber Achtung – vielleicht hört man zu!) oder einen Spaziergang machen. Sie können auf jeden Fall in Ruhe überlegen, was Sie tun wollen.

Wenn das alles nicht hilft, versuchen Sie die Verhandlung zu vertagen, wie ich bereits empfohlen habe.

Überlegen Sie die Pros und Kontras Ihrer Entscheidung.

Es ist vorteilhaft, sich schon vor der Verhandlung alle Konsequenzen vorzustellen, wie sich Nachgeben oder Beharren auswirken können.

Konsequenzen meiner Zustimmung	Konsequenzen meiner Ablehnung
Ich muß ausrechnen, was mich meine Konzession kostet.	Das Problem eines etwaigen Zugeständnisses stellt sich nicht.
Was ich einmal aufgegeben habe, kann ich nicht wieder zurückverlangen.	Indem ich hart bleibe, bestätige ich die Richtigkeit meiner Forderung.
Ich habe keine Ahnung, wohin das letztlich führen wird.	Ich kann abwarten, was die andere Seite unternehmen wird.
Wir geben klein bei.	Wir bleiben standhaft.
Ich werde kritisiert werden.	Ich behalte meine Popularität.
Wir vergeben unsere Chancen, mehr zu bekommen.	Wir können später immer noch Zugeständnisse machen, wenn es sein muß.
Ich halte mir verschiedene Möglichkeiten offen und kann in Zukunft andere Lösungen vorschlagen, die mir eher passen.	Ich verpasse eine nicht wiederkehrende Chance.
Ich schlage einen gefährlichen Weg ein.	Vielleicht kommt im Laufe der Verhandlung ein Zugeständnis der anderen Seite.
Ich befriedige die Ansprüche der anderen Seite und komme so zum Erfolg.	Es werden aufgrund meines Zugeständnisses weitere Zugeständnisse gefordert.
Wenn keine Vereinbarung zustande kommt, wird man mir nicht die Schuld geben.	Scheitert die Verhandlung, muß ich die persönliche Verantwortung übernehmen.

Stellen Sie sich Fragen, bevor Sie nachgeben.
Das erfordert Zeit. Das ist auch der Hauptgrund, warum Sie sich niemals unter Zeitdruck setzen lassen sollten! Niemand kann Ihnen dafür böse sein, wenn Sie sich zuerst die Konsequenzen überlegen wollen, bevor Sie entscheiden. Stellen Sie sich die folgenden Fragen:

- Ist die Entscheidung wirklich die richtige Maßnahme?

- Welche persönlichen Konsequenzen hat sie für mich?

- Wird man mich dafür kritisieren oder sogar »bestrafen«?

- Werde ich an Glaubwürdigkeit einbüßen?

- Würde ich mein Gesicht verlieren?

- Werde ich diese Entscheidung überall rechtfertigen können?

- Was wird mein Mann/meine Frau dazu sagen?

- Wie wird mein Chef reagieren?

- Wie werden meine Mitarbeiter darüber denken?

- Werden sie diese Entscheidung gutheißen?

- Werden sie mich unterstützen?

- Werden sie sich gekränkt oder sogar betrogen fühlen?

- Werden sich meine Freunde und Verbündeten hinter diese Entscheidung stellen?

- Läßt sich diese Entscheidung mit meiner bisherigen Argumentation vereinbaren?

- Wie läßt sich mein Einlenken begründen? (Besonders wichtig bei Preisnachlässen!)

- Schaffe ich mit dieser Entscheidung einen ungünstigen Präzedenzfall?

- Gibt es vielleicht noch andere Möglichkeiten?

- Was würde ich riskieren, wenn ich vorerst einmal einfach abwarte?

- Was wäre das Allerschlimmste, was passieren könnte, wenn ich standhaft bleibe? (Was ist das Worst-case-Szenario?)

Hören Sie auf Ihre innere Stimme, wenn Sie sich diese Fragen stellen, und nicht nur auf Ihre rationalen Überlegungen!

Machen Sie sich nicht verrückt.
Wenn Sie diesmal nicht durchgekommen sind, wird es dafür das nächste Mal gelingen. Wenn sich Ihre Verhandlungspartner als uneinsichtig, rücksichtslos und egoistisch herausgestellt haben, lassen Sie sie gehen! Mit solchen Menschen wollen Sie ohnehin nichts zu tun haben! Suchen Sie sich Menschen aus, die kooperativ, verständnisvoll, fair und sympathisch sind. Es gibt genügend davon!
Meine persönlichen Erfahrungen haben mir immer wieder gezeigt, daß ich letztlich mit den Personen, wo gegenseitiges Verständnis und Sympathie bestanden haben, langfristig die größten Erfolge erzielen konnte.
Mit Menschen, die mich aus irgendwelchen Gründen innerlich ablehnten und die sich mir gegenüber aggressiv und beleidigend verhielten, konnte ich nie längere Zeit zusammenarbeiten. Vielleicht war einmal ein gemeinsamer Erfolg möglich, aber es gestaltete sich immer zähflüssig und verursachte große Probleme, Ärger und manchmal sogar schlaflose Nächte.

Menschen, die kooperativ sind, sind die besseren Partner.

Setzen Sie eine gewisse charakterliche Integrität bei Ihren Partnern voraus. Es ist die gleiche Integrität, die auch Sie besitzen. Wie du mir, so ich dir. Das ist jetzt positiv gemeint.

Fragen Sie sich: »Habe ich (noch) Vertrauen?«

Vertrauen ist die Basis, auf der jede Zusammenarbeit läuft. Ist das Vertrauen geschaffen, kann eine Verbindung entstehen und wachsen. Ich habe im Kapitel »Ethos« ausführlich darüber geschrieben, wie Sie Vertrauen schaffen können. Allerdings gilt auch für die andere Seite, daß genügend Vertrauen ihr gegenüber vorhanden sein muß. Im Laufe einer Zusammenarbeit muß auch dieses Vertrauen weiter wachsen.

Wenn Dinge passieren, die Ihr Vertrauen erschüttern, müssen Sie sehr aufmerksam werden, ob man Sie nicht eher austricksen und letztlich betrügen will.

Wenn Ihr Vertrauen wirklich verlorengegangen ist, dann machen Sie Schluß.

Einmal zerstörtes Vertrauen kann niemals wieder aufgebaut werden von den gleichen Personen, die es zerstört haben. Das klingt hart, aber darüber gibt es hinreichend Erfahrungswerte. Eine Partnerschaft, die aus Mangel an Vertrauen aufgehoben und später wieder neu aufgenommen wurde, hatte keinen Bestand. Die gleichen Enttäuschungen haben sich immer wiederholt. Einmal ein Gauner, immer ein Gauner! Einmal ein Lügner, immer ein Lügner!

Ich stand mit einem exklusiven Autohaus in geschäftlichen Beziehungen. Man hatte mir mein Auto noch weiter verschönert, und das, zugegeben, auf sehr exotische und raffinierte Weise. Die Mitarbeiter verfügen über sehr viel Geschmack und gehen auf die Wünsche ihrer Kunden ein. Aufgrund meiner Zufriedenheit gab ich daraufhin meine vier Ersatzfelgen, auf denen die Winterreifen montiert sind, dort zur Aufbewahrung. Im Herbst kann ich dann jeweils nur die Räder tauschen. Da hieß es aber dann, die Reifen wären abgefahren gewesen, man hätte deshalb neue Winterreifen montiert. Wo sind die alten Reifen? Ich war sicher, daß sie noch sehr gut waren. Man hatte sie fortgeworfen. Sie waren nicht mehr da. Das war für mich das Ende der Zusammenarbeit: Mit dieser Garage will ich mein Leben lang nie mehr etwas zu tun haben. Ich habe einfach den Verdacht, daß man meine noch guten Winterreifen an einen Dritten weiterverkauft hatte. Ich werde diesen Verdacht nicht los. Ich habe definitiv das Vertrauen verloren.

Seien Sie konsequent bei einem Vertrauensverlust.
Sie müssen davon ausgehen, daß es nie »bei diesem einen Mal« bleibt, auch wenn man Ihnen das noch so inbrünstig beteuert. Souveränität und Integrität dulden keine Ausnahme!

So, und jetzt handeln Sie!

Aufgrund der Lektüre dieses Buches haben Sie sicher beschlossen, etwas zu tun und etwas – vielleicht einiges – anders zu machen als bisher. Das würde mich freuen. Ich möchte Ihnen noch einige Empfehlungen abgeben im Sinne einer Zusammenfassung.

Treffen Sie ein Abkommen mit sich selbst.
Dieses lautet: »Ich will andere ehrlich überzeugen und kann deshalb von den anderen auch erwarten, daß sie es mit mir ehrlich meinen!«
Diese Vereinbarung mit sich selbst verstärkt Ihr Selbstwertgefühl und macht Sie zuversichtlich und stark. Aufgrund dieser Vereinbarung werden Sie im Umgang mit anderen Menschen – geschäftlich und privat – vielleicht etwas selektiver werden. Und das ist gut so. Sie werden sich an die Besseren halten und von den anderen etwas Abstand nehmen. Das macht vieles für Sie leichter.

Stehen Sie immer zu sich selbst.
Tun Sie nichts, was Ihnen im Grunde widerstrebt. Eines Tages würde sich das rächen. Wenn man von Ihnen etwas verlangt, das Sie sich selber gegenüber nicht verantworten können, lehnen Sie ab, auch wenn das vielleicht im Moment Ärger und Enttäuschung verursacht. Die Gefahr ist zu groß, daß Sie sich damit selbst betrügen. Seien Sie unnachgiebig, wenn es um Ihr gutes Gewissen geht. Bewahren Sie Ihre Integrität. Das macht Sie sicher.

Lassen Sie keine Feindschaften aufkommen.
Wenn Sie – vielleicht ganz unbewußt – jemanden beleidigt oder verletzt haben oder sonst etwas getan haben,

Ehrlichkeit kennt keine Kompromisse. Sie haben es nicht nötig, anders als ehrlich mit anderen Menschen umzugehen, wenn Sie diese überzeugen wollen. Sie haben es aber auch nicht nötig, mit Menschen umzugehen, die es nicht ehrlich mit Ihnen meinen.

was diese Person gegen Sie einnimmt, lassen Sie das nicht im Raum stehen. Negative Gefühle anderer Menschen – Ihnen gegenüber – müssen Sie möglichst rasch abbauen, denn sie schaden Ihnen. Rufen Sie diese Person an, oder schreiben Sie ihr ein paar Zeilen, es täte Ihnen leid. Sie brauchen nicht einmal Ihren Standpunkt zu ändern. Es genügt, wenn Sie Ihre Gefühle aussprechen, daß es Sie beschäftigt und belastet und daß Sie das gerne loswerden wollen. Ich habe in solchen Fällen ausnahmslos erlebt, daß die betreffende Person positiv überrascht war und meistens eingelenkt hat. Ich fühlte mich befreit und entlastet.

Bewahren Sie Ihre Authentizität.
Ein schwieriges Wort! Eignen Sie sich keine Verhaltensweisen an, die nicht zu Ihnen passen. Seien Sie vorsichtig gegenüber Ratschlägen anderer! Die sind vielleicht gut gemeint, aber passen sie zu Ihnen? Passen Sie auf, daß Sie Ihre Persönlichkeit nicht verfremden durch Verhaltensweisen, die nicht Teil von Ihnen selbst sind. Verstärken Sie Ihre eigenen Persönlichkeitsmerkmale, schaffen Sie sich ein unverwechselbares Markenzeichen!

Bilden Sie sich weiter aus in Ihrer Kommunikationskompetenz.
Besuchen Sie gute Seminare, wo man Sie mit der Videokamera aufnimmt und Ihnen die Hinweise gibt, die Sie ganz persönlich betreffen. So können Sie Ihre persönliche Wirkung verstärken. Sie gewinnen an Selbstbewußtsein und Selbstvertrauen. Meiden Sie Veranstaltungen, wo man Ihnen uniforme und allgemeingültige Rezepte verpassen will.

Trauen Sie sich mehr zu.
Sagen Sie sich, wenn ein besonders wichtiger Vortrag oder eine schwierige Verhandlung ansteht: »Ich werde mein möglichstes tun, ich werde es genausogut oder sogar besser machen als andere, ich werde es schaffen!« Stehen Sie auf, und reden Sie bei jeder sich bietenden Gelegenheit. Bleiben Sie nicht sitzen aus falscher Bescheidenheit.

Wenn Sie ehrlich überzeugt sind, haben Sie die größte Chance, andere ehrlich zu überzeugen!

Überzeugen Sie sich selbst.

Wenn Sie selbst von etwas felsenfest überzeugt sind, fällt es anderen schwer, nicht auch davon überzeugt zu sein.

Ihre eigene Überzeugung wird Sie selbst begeistern, dann überzeugen Sie mit ehrlicher Begeisterung!

Literaturverzeichnis

Bambeck, Joern J.: Soft Power – Gewinnen statt siegen. München 1989.

Commer, Heinz: Der neue Manager Knigge. Düsseldorf 1993.

Fisher, Roger – Ury, William L.: Das Harvard-Konzept. Frankfurt 1984.

Fisher, Roger: Jenseits von Machiavelli. Frankfurt 1995.

Fromm, Erich: Haben oder Sein. Stuttgart [16]1976.

Goldmann, Heinz: Wie Sie Menschen überzeugen. Düsseldorf 1990.

Goleman, Daniel: Emotionale Intelligenz. München 1996.

Höhler, Gertrud: Spielregeln für Sieger. Düsseldorf 1992.

Holzheu, Harry: Gesprächspartner bewußt für sich gewinnen. Düsseldorf [4]1992.

Holzheu, Harry: Natürliche Rhetorik. Düsseldorf [4]1994.

Holzheu, Harry: Natürliches Verkaufen. Düsseldorf 1993.

Jung, Carl G.: Bewußtes und Unbewußtes. Frankfurt 1957.

Murphy, Joseph: Die Macht des Unterbewußtseins. Genf 1975.

Peale, Norman V.: Die Kraft positiven Denkens. Zürich 1975.

Robinson, Colin: In Verhandlungen gewinnen. Landsberg 1992.

Ury, William L.: Schwierige Verhandlungen. Frankfurt 1991.

Wickert, Ulrich: Der Ehrliche ist der Dumme. Hamburg 1994.

Wickert, Ulrich: Das Buch der Tugenden. Hamburg 1995.

Ziegler, Albert S. J.: Verantwortungs-Souveränität. Bayreuth 1992.